国家自然科学基金面上项目"老城边缘区空间更迭对交通出行变化的影响机理及反馈优化研究"资助（项目批准号：51678132）

老城边缘区
空间动态更迭及交通关联性研究

周文竹 李 俏 等·著

东南大学出版社
·南京·

内容简介

老城边缘区位于老城与外围其他功能组团之间的夹层地带,伴随着城市化进程,以往位于老城外围的边缘区在区位上也迎来了由边缘地带向城市中心地带转变的契机。由于老城边缘区的空间更迭也带来了出行行为的复杂变化,因此从出行行为视角识别老城边缘区空间范围,并把握其空间更迭与交通影响的关联性,对完善城市更新理论具有十分重要的意义。

本书首先从边缘区的新老转化入手,以南京为例,总结城市边缘区的空间更迭与演进规律,并提出一种基于出行视角的老城边缘区的空间识别技术方法。其次,研究分析了转型期老城边缘区空间更迭的总体特征及建筑空间、功能结构、交通设施等分项指标的变化特征。最后,针对老城边缘区的空间更迭及其与交通出行变化的关联性的规律进行了讨论。

本书可供城市规划、交通规划、建筑学、经济地理学及相关领域专业人员和建设管理者阅读。

图书在版编目(CIP)数据

老城边缘区空间动态更迭及交通关联性研究 / 周文竹等著.
南京:东南大学出版社,2021.1
 ISBN 978-7-5641-9273-0

Ⅰ.①老… Ⅱ.①周… Ⅲ.①城市化—研究—中国
Ⅳ.①F299.21

中国版本图书馆 CIP 数据核字(2020)第 244397 号

老城边缘区空间动态更迭及交通关联性研究
Laocheng Bianyuanqu Kongjian Dongtai Gengdie Ji Jiaotong Guanlianxing Yanjiu

著　者	周文竹　李　俏　等
出版发行	东南大学出版社
出 版 人	江建中
网　　址	http://www.seupress.com
电子邮箱	press@seupress.com
社　　址	南京市四牌楼 2 号
邮　　编	210096
电　　话	025-83793191(发行)　025-57711295(传真)
经　　销	全国各地新华书店
印　　刷	南京工大印务有限公司
开　　本	787mm×1092mm　1/16
印　　张	10
字　　数	200 千
版　　次	2021 年 1 月第 1 版
印　　次	2021 年 1 月第 1 次印刷
书　　号	ISBN 978-7-5641-9273-0
定　　价	98.00 元

本社图书若有印装质量问题,请直接与营销部联系。电话(传真):025-83791830

参与研究人员

［第1章］　周文竹

［第2章］　李　俏

［第3章］　周文竹　李　俏　汪　琦　王　楠

［第4章］　周文竹

［第5章］　周文竹

［第6章］　周文竹

前　言

老城是保存着历史城市建制的区域,同时也是全市历史文化、商业金融、公共服务、生活居住等多种功能集聚的核心地区之一。而位于老城与外围其他功能组团之间的夹层地带——老城边缘区,伴随着城市由单中心向多中心转变的空间增长,老城边缘区迎来了由城市边缘地带向城市核心地带转变的契机。这些发展的动态性使之成为城市空间体系中最为复杂的空间。

由于老城边缘区空间的更迭引起交通需求发生重新分布,当前实践和理论研究过程中虽已开始关注城市空间与交通的关联性问题,但在老城边缘区空间更迭中衍生的交通出行变化规律及其互动反馈方面的理论方法和分析手段一直缺乏科学系统的研究,难以对空间更迭可能引发的交通出行变化进行科学的量化以反馈指导老城边缘区空间可持续发展。因此,本研究可为量化空间更迭引发的交通出行特征的动态变化规律、反馈指导老城边缘区的空间更迭提供科学的理论方法支撑,对老城边缘区的可持续发展具有重要的指导意义。

本书围绕"新旧演替规律、空间范围识别、空间更迭动态特征、空间更迭与交通关联性机理"四条主线进行章节组织。第一条主线"新旧演替规律"主要包括第 2 章,该章在对经典空间结构理论进行梳理的基础上,对城市边缘区的新老转化过程进行梳理,并以南京市这种典型的历史性城市为例,阐释南京城市边缘区的新老转化与空间演进过程经历了"尚未开发—零星建设—加速演进—发展滞缓—转型消融"五个阶段的状态变化。第二条研究主线"空间范围识别",主要包括第 3 章,该章在对出行时空分布特征进行分析的基础上,运用断裂点检测法,即通过发掘不同方向上出行强度的突变区间,建立划分、识别老城边缘区的技术方法。第三条研究主线"空间更迭动态特征",主要包括第 4 章,该章对转型时期即 2010 年、2015 年两个时期老城边缘区的空间总体变化特征及建成环境分项动态变化特征进行了剖析。第四条研究主线"空间更迭与交通关联性机理",主要包括第5章,该章构建了非集计交通方式选择模型,对2010年、2015年影响出行方式的建成环境的显著性影响因子进行比较分析,以揭示建成环境变化与交通出行变化的关联性的规律。

本书基于国家自然科学基金面上项目(No. 51678132)"老城边缘区空间更迭对交通出行变化的影响机理及反馈优化研究"的研究成果而开展,力图从交通导向的视角讨论老城边缘区的更新与再发展问题。

感谢东南大学建筑学院和交通学院的领导和同事,他们在本书的写作和修改过程中给予了很大的帮助,他们的支持是作者完成本书的保障。

本书的一些观点和研究结论是针对南京老城边缘区的特点展开的,并不一定完全适用于其他城市。希望本书能够引起相关人士对老城边缘区再发展、土地利用与交通协调发展的兴趣和思考。由于专业背景与写作水平有限,错漏和不足之处,敬请广大读者批评指正。

目　录

前言

1　绪论 …… 1
1.1　选题及背景 …… 1
1.1.1　快速城市化转型期带来了老城边缘区空间的不断更迭 …… 1
1.1.2　老城边缘区空间更迭给交通出行变化带来了多方面的影响 …… 2
1.1.3　研究意义 …… 3
1.2　国内外研究概况 …… 4
1.2.1　城市边缘区的研究 …… 4
1.2.2　城市空间与交通出行相关性研究 …… 5
1.3　研究内容 …… 6
1.3.1　研究案例城市的选择 …… 6
1.3.2　研究的主要内容 …… 9
1.4　技术路线 …… 9

2　城市边缘区的空间更迭与演进
　　——以南京市为例 …… 11
2.1　城市内部空间结构理论的脉络梳理 …… 11
2.2　南京城市发展历程 …… 28
2.2.1　时间特征节点选取 …… 28
2.2.2　空间结构的演进 …… 28
2.2.3　交通出行的演进 …… 37

2.3 南京城市边缘区的空间更迭与演进 ·········· 47
　2.3.1 阶段1:边缘区尚未开发期 ·········· 47
　2.3.2 阶段2:边缘区零星建设期 ·········· 48
　2.3.3 阶段3:边缘区加速演进期 ·········· 50
　2.3.4 阶段4:边缘区发展滞缓期 ·········· 52
　2.3.5 阶段5:边缘区转型消融期 ·········· 53
2.4 本章小结 ·········· 56

3 老城边缘区的空间识别方法与技术 ·········· 59
3.1 空间识别的理论基础 ·········· 59
　3.1.1 "核心—边缘"理论 ·········· 59
　3.1.2 突变理论 ·········· 60
3.2 基于出行视角的老城边缘区空间识别方法 ·········· 62
　3.2.1 技术路线 ·········· 62
　3.2.2 第一步:数据准备 ·········· 64
　3.2.3 第二步:数据空间匹配 ·········· 65
　3.2.4 第三步:计算出行强度 ·········· 66
　3.2.5 第四步:判断突变区间 ·········· 66
　3.2.6 第五步:范围校核与确定 ·········· 67
3.3 南京市2010年和2015年老城边缘区的空间识别 ·········· 69
　3.3.1 数据准备 ·········· 69
　3.3.2 识别过程 ·········· 71
　3.3.3 识别结果 ·········· 78
3.4 本章小结 ·········· 79

4 转型期南京老城边缘区空间更迭动态特征研究 ·········· 80
4.1 空间演变总体特征 ·········· 80
　4.1.1 空间分布动态分析 ·········· 80
　4.1.2 边界形态动态分析 ·········· 83
　4.1.3 土地利用动态分析 ·········· 85
　4.1.4 空间更迭动态分析 ·········· 91

4.2 建成环境的分项指标动态特征分析 ··· 97
4.2.1 分项指标遴选及计算 ··· 97
4.2.2 基于"开发强度"分项的空间演化特征 ··· 99
4.2.3 基于"功能结构"分项的空间演化特征 ··· 102
4.2.4 基于"交通设施"分项的空间演化特征 ··· 107
4.3 老城边缘区空间更迭的总体演进模式分析 ··· 114
4.4 本章小结 ··· 115

5 老城边缘区的交通出行特征及用地关联性机理 ··· 117
5.1 交通基础设施及建成环境 ··· 117
5.1.1 交通基础设施 ··· 117
5.1.2 城市区位及交通可达性 ··· 119
5.1.3 建成环境 ··· 120
5.2 老城边缘区出行结构及出行方式 ··· 121
5.2.1 老城边缘区出行的空间结构 ··· 121
5.2.2 老城边缘区的出行特征 ··· 122
5.2.3 老城边缘区出行模式的变化 ··· 126
5.3 老城边缘区出行方式与城市用地关联性研究 ··· 130
5.3.1 研究方法 ··· 130
5.3.2 Logit 模型构建 ··· 130
5.3.3 模型拟合结果及影响机制分析 ··· 131
5.4 本章小结 ··· 136

6 总结与展望 ··· 137
6.1 研究主要成果 ··· 137
6.2 研究展望 ··· 139

参考文献 ··· 141

1 绪论

1.1 选题及背景

1.1.1 快速城市化转型期带来了老城边缘区空间的不断更迭

本研究中的老城(the old town)与国外研究中的旧城概念相近,国内著名学者吴良镛、阮仪三等在城市历史保护研究中也多次使用老城这一概念。在中国城市发展与城市规划的语境中,老城具有以下几个特点:①是城市历史的发祥地,是具有典型的历史空间格局特色和历史价值的城市中心城区;②在较长一段历史时期里是被市民普遍认同的老城区范围,一般以城墙、护城河为界,或者至今对城市空间格局影响重大且仍起到重要历史发展见证的其他边界;③是全市历史文化、商业金融、公共服务、生活居住等多种功能要素集聚的核心地区之一。

本研究认为,老城边缘区(the old town fringe)是快速城市化中介于老城与外围新区等其他功能组团之间的被忽略的夹层地带,是在城市进行跳跃式发展,城市边缘区向城市中心区发展转变过程中转变不完全、不充分的区域,是城市从单一中心向多中心体系演变的中间产物。在以往的研究中,其被视为城市边缘区的一种类型,也有学者将其定义为老的城市边缘区,但一直缺乏对该区域的深入研究。老城边缘区位于老城外围,是城市空间体系中不断发生演化的复杂空间。边缘区发展的复杂性、过渡性和交错性等特点使得老城边缘区成为城市发展最敏感、变化最快的区域。

从历史演进看,老城边缘区的发展演化经历了滋生、填充、停滞、消融等过程。不同城市的不同发展阶段,其老城边缘区的演化速度和演化方向也有所差异。近年来,城市规划逐渐走向更加包容、公平,更加理性的方向,老城边缘区作为城市的"洼地"应该被重视。我国学者顾朝林曾指出:"边缘区是一个从无到有,又从有到无,不断推陈出新的地域单元,老的城市边缘区会逐步演化为城市核心区,新的城市边缘区又从邻近的农村地区滋生。"[1]老城边缘区作为一种曾发生过更迭的"旧的边缘区",目前正经历着复杂的过渡与转型。随着城市由单一中心结构向多中心结构转变,城市空间的增长不断推进,以往位于老城外围的边缘地区在区位上逐渐由边缘地带向城市中心地带转变。尤其是在城市进入存量规划与城市修补的发展背景下,该区域正经历着复杂的动态演进。针对老城边缘区空间不断更迭的过渡动态性以及出现的问题,从历史演进的维度,探讨老城边缘区内部空间在区位、功能和出行等方面的更迭演变规律,是一个与《国家新型城镇化规划(2014—2020年)》的要求相适应的、具有重要理论价值和积极现实意义的新命题,"老城边缘区"值得并且急切需要深入研究。

1.1.2 老城边缘区空间更迭给交通出行变化带来了多方面的影响

综合国内外老城边缘区的发展历程可以得出,其自身动态变化的特殊性会带来交通变化的复杂性,然后交通可达性的变化会进一步促进空间的更迭与演进,即老城边缘区在空间更迭的过程中所表现出的区位更迭、功能更迭、用地更迭等主要方面与交通系统存在密切的相关性。

(1) 区位调整改变了对外联系的可达性

受老城边缘区区位由城市边缘区的城乡接合部、城市中间过渡区转变为多中心体系的核心地带的影响,老城边缘区对外出行可达的时间、空间地域分布变化更为活跃。其表现出来的变化特征对老城边缘区的区位调整提出了更高的关联诉求。

(2) 功能转型增加了跨区交通出行需求结构的复杂性

在功能转型、产业结构调整的背景下,老城边缘区纷纷在疏解低效产业功能的同时重新聚集常规城市的居住、服务功能。受转型前后老城内部、老城边缘区、外围其他片区的功能协调性变化的影响,三者间的跨区出行结构波动变得更为复杂。忽视老城边缘区功能转型对跨区出行结构变化的影响规律,则容易造成老城边缘区或是外围片区仍然对老城的依赖程度高,长距离跨区出行需求大,交通拥堵严重。

(3) 用地置换引起了出行路径分布选择的多样性

在盘活存量用地的背景下,一些远离干路网、位于地块内部效率低下的工业用地、城中村等用地逐步得以置换,由于用地置换改变了地块类型、尺度、强度以及街道网的布局,使得居民出行路径分布出现了多元化选择的转变。如果不能清楚地把握这种作用规律,则容易造成出行路径选择无序,影响用地效率的发挥。

1.1.3 研究意义

在城市发展初期,缺乏对外交通建设。城市内部出行距离有限,以城市集中发展为主,使得中心城区与边缘区隔离。边缘区区位条件差,成为城乡接合部,边缘空间演进缓慢。等城市进入发展中期,由于老城对外通道的增加,使得边缘区区位优势逐渐增强,空间得以扩张,空间演化速度加快。在城市发展中后期,城市转向重点发展外围新区中心,通道建设主要服务于老城与新区的联系,介于两者之间的老城边缘区自身区位优势下降,发展滞后,演化放缓。近期,在即将转变为多中心体系的核心地带新形势下,由于老城中心的强中心地位不减、新区吸引力不足、老城边缘区功能更迭滞后,交通出行对老城的依赖依然较大,远距离跨区交通出行仍然向老城中心集中。因此,亟待掌握交通出行与老城边缘区空间范围的相互影响关系,从出行视角层面提出优化跨区出行结构、支撑老城边缘区空间优势提升的科学方法。

所以,从出行视角去研究老城边缘区,既可以揭示老城的交通问题和交通需求与土地利用的规律,从而反映城市整体空间结构的特征与问题,又可以关注到在老城边缘区这样特殊区域居住个体的社会属性特征与空间需求。这也是防控老城交通拥堵、提升老城边缘区居民生活品质、优化城市空间网络的关键一步,因为居民在城市空间中是受空间制约而做出行为决策的。这些信息表征着居民生活需求与空间供给间的匹配关系。因此,从出行视角研究老城边缘区具有迫切的重要性和可行性。研究可为科学量化空间更迭引发的交通出行特性动态变化规律、反馈指导老城边缘区空间更迭提供科学的理论方法支撑,对防控城市交通拥堵加剧,构建"城市功能提升、空间节约利用、交通协同发展"的老城边缘区具有指导意义。

1.2 国内外研究概况

1.2.1 城市边缘区的研究

城市边缘区的研究最早于 1936 年由德国地理学家 H. Louts 提出，之后关于城市边缘区的研究不断补充与发展。1960 年代以前的研究主要涉及边缘区概念、地域结构、范围界定。地域结构理论如在塔弗(Taaffe)的理想城市模式中[1]，将城市设想为由中心商务区、中心边缘区、中间带、外缘带和近郊区五个部分组成的理想模式。其中，外缘带和近郊区布局着城市新区、近郊住宅区、工业区与农牧区，与现在的城市边缘区类似。而中心边缘区夹在中心商务区与中间带之间，由若干扇面包括工业、商业、住宅组成，恰与本项目研究的老城边缘区景象类似。边缘区的研究范围没有统一的标准，国外结合定性与定量方法均进行过探讨。1960 年代至 1980 年代，对边缘区的研究逐渐深入到对演化过程与动力机制的研究，Erickson R. A.[2] 将城市边缘区空间结构演化划分为 3 个阶段：外溢专业化阶段、轴线-圈层扩散的分散多样化阶段以及内部填充的多核阶段。1980 年代至今，城市边缘区的研究呈现多元化的研究趋势，重点从人性化社区、开敞空间、生态绿地等微观层面以及边缘城市等视角展开，出现了一批学术成果[3-7]。

我国对城市边缘区的关注开始于 1980 年代，虽然起步比较晚，但研究成果也比较丰富。1990 年代，对边缘区的研究重点在阐述概念、特征、范围界定以及空间演变规律及动力机制等方面。顾朝林[1]对中国边缘区的土地利用特性进行了研究，其书所说的"老的城市边缘区"正与本项目研究的老城边缘区相吻合。在边缘区的范围界定方法中，有顾朝林的人口密度梯度率分析法[1]、陈佑启的断裂点分析法[8]等，为本项目的范围界定提供了技术参考。在边缘区空间演变规律的研究中，崔功豪和武进[9]探讨了边缘区空间的演变过程，并以南京中央门地区为例，利用 4 个时期的数据，分析该地区从城市边缘区演化为城市建成区的过程，为本项目的案例研究提供了借鉴。进入 21 世纪，数字技术的发展和多样化手段为分析和描述边缘区提供了新方法和多视角，涌现了一大批成果。专家学者们除了用新技术对边界范围、空间扩展进行补充研究之外[10-11]，同时关注出现的社会矛盾、研究评述、地域空间结构建构等方面[12-14]。

综合来看,国内外城市边缘区研究的成果虽然很丰富,但大多针对单中心城市形态下城市边缘区早期发展阶段,缺乏关于城市由单中心向多中心转变,原边缘区在区位上逐渐由边缘地带向城市核心地带转变这一新阶段的针对性探讨,难以为新时期老边缘区空间结构的更迭与再发展提供科学的理论方法支撑。

1.2.2 城市空间与交通出行相关性研究

由于城市空间中的形态结构、用地布局、开发强度等是决定城市交通出行需求的根源,而出行需求衍生的交通效率又反馈作用于空间发展的成效,因此城市空间与交通出行之间的关系受到国内外学者的广泛关注。

在单中心与多中心空间结构对长距离跨区出行需求的影响中,多中心论支持者认为多中心城市结构方便职工就近就业,而且次中心分担了主中心的通勤流,从而减少跨区交通需求和出行时耗[15-17]。但这一结论也存在分歧,Mignot 和 Aguilera 研究指出,分歧的原因主要是没有考虑到所研究次中心的本质特征,不同特征的次中心对交通需求具有不同的影响[18]。国内学者孙斌栋等也从中国实际出发,进行了相关的研究工作[19]。在用地布局对交通出行的研究中,居住-就业混合、职住平衡是关注的热点。一部分学者认为,就业与居住的平衡、服务设施与居住的混合有助于缩短出行距离和时间[20-21],国内学者周素红和闫小培,Pan,Shen 和 Zhang,Zhou 和 Long 通过对我国的实证分析,也有相同的结论[22-24]。然而另一部分学者如 Peng 却认为仅通过空间的就业-居住均衡不能减少人们的出行距离[25];关于不同学者的研究争议,Ma 和 Banister 则进一步指出,这可能是混合质量的不平衡造成的[26]。在建成环境的居住密度、就业密度对出行方式、路径选择的影响方面,国内外学者做了大量的工作,一般认为高密度发展可促进对非机动化出行方式的选择,减少机动化出行需求[27-29]。

相比之下,基于交通出行的优化策略,对城市空间的反馈研究则较少。现有的研究主要集中在通过低碳的交通模式对宏观城市形态结构进行引导[30-33],以及基于微观行为分析对用地布局进行优化[34-37]。上述研究主要探讨了某一时期静态的空间结构状态与交通需求或供给的关系,对动态的空间更迭与出行变化的关联性认识不足。另外,城市空间对交通出行需求的认知较为丰富,而出行对空间的优化反馈不足,难以为实践中从交通协同视角优化空间结构提供科学的理论方法支撑。

综上所述,城市边缘区研究、城市更新理论、交通与空间相关性研究理论均已在各自的相关规律、基础理论、技术方法等方面取得了一定的研究成果。但是面对土地资源匮乏、交通拥堵等国情,面临着老城边缘区不断更迭变化的新形势,现有的研究理论亟待将城乡规划学、城市地理学、交通工程学的研究领域进行交叉、开拓和补充。基于老城边缘区空间不断更迭的变化趋势,将静态的空间与交通的相关性研究延伸到动态的老城边缘区空间更迭与交通出行变化的交互关系研究中,以全新的交通联动视角,揭示老城边缘区空间更迭对交通出行变化的影响规律,对老城边缘区未来发展的反馈优化方法具有重要意义和作用。

1.3 研究内容

1.3.1 研究案例城市的选择

本次研究选取南京作为案例城市,这既是基于中国社会发展背景下的典型代表性老城的考虑,也是为了在主观层面上应对南京老城边缘区迫切的发展需求。

南京地处长江中下游区域,市区东依钟山,西傍长江,市内河湖水系纵横,周围山峦起伏。南京作为六朝古都,是目前国内典型的保留着历史形制的城市之一。对南京空间格局产生真正深远影响的明朝朱元璋建都时期,应天府建成,这城奠定了南京老城区的基本空间格局和肌理,尤其是明朝修建的 35.3 km 的明城墙,经过多次修葺后保留至今,成为老城内外的界限。从明朝建都南京至今,南京城市发展经历古代、近代、现代近千年的演进,空间特色与历史文化底蕴深厚。孙中山先生也曾高度评价南京,他认为南京是"中国古都"。南京境内"有高地,有深水,有平原,此三种天工,钟毓一处,在世界之大都市中诚难觅佳境也"。著名作家叶兆言在南方日报出版社出版的《烟雨秦淮》中称赞南京是一本最好的"历史教科书"。南京城为我们清晰地展现出了中国历史的轮廓和特色。南京有山有水,钟灵毓秀,是深厚的历史积淀了其独特而有价值的空间格局和文化内涵。

新中国成立 70 多年来，尤其是改革开放 40 多年以来，南京城乡建设取得了巨大成就，南京的城市规模增长了二十几倍，城市空间布局不断优化，城市化质量取得了巨大进步。作为江苏省会城市和东部地区重要中心城市、中国历史文化名城，南京经济的快速发展带来人口的持续集聚，南京城市化进程稳步推进。南京城市的发展由初期的局限于老城，到以主城充实为主、外围据点状拓展为辅，再到 21 世纪以来跨江发展、构筑多中心都市区格局，南京的城市空间布局也逐渐由封闭走向开放、由单中心迈向多中心，在这个漫长的历史演进过程中，南京明城墙一直保留至今，老城内历史遗迹保留较好，城市格局延续着历史形制，城市特色突出，是从典型的中国传统城市发展而来的现代都市代表。南京市现辖 11 区，市域总面积 6 500 多 km^2，2010 年第六次人口普查数据显示南京市市域常住人口 800 多万人。而且，在目前我国城市规划由蔓延式增量规划到渐进式存量规划的转型关键期，南京老城区同样面临着结构性老化、功能性衰退等问题。过去几十年快速城镇化的结果是，南京市老城区功能高度集聚致使其面临着巨大的交通与人口压力。根据 2014 年对南京江宁新区居民出行抽样调查的结果可看出，新区有高达 30 万人次/日的出行经由中华门地区（属于老城边缘区）至老城，占江宁全区出行比例的 13.5%，导致通道交通饱和度高达 1.1，交通拥堵严重，进一步阻碍了老城边缘区的发展。所以，现阶段老城仍然是南京最具吸引力的地区，但城市整体的跨区交通出行量已经超过城市正常负荷范围。因此，环境和交通压力一直是老城的难题。

　　作为南京的政治、经济和文化中心，南京老城是各种现代城市功能的集中地。老城提供的就业岗位占全城的六成以上，同时老城能够提供相对于新区更加完善的公共服务和文化教育资源。而老城的边缘区介于老城区和外围新区组团之间，它的发展长期受到制约，空间品质低下、建筑形态老旧、各类公共服务设施分布不均匀、服务业态低端，与老城中心区形成鲜明对比。但是，老城边缘区是南京进一步开展城市更新、存量发展的重要出发点和落脚点，而南京市老城边缘区现阶段的发展也正处于关键的更新转型时期，是中国大部分面临共同困境的老城的典型代表。因此本次研究选择南京作为案例城市。

　　本研究的范围如图 1-1，包括老城区的 3 个行政区（玄武区、鼓楼区、秦淮区），老城区边缘附近的 2 个区（雨花台区、建邺区）和 3 个城市郊区

（江宁区、浦口区和栖霞区的仙林地区）。本研究范围覆盖面积约2 964.24 km²，包含182个交通小区（Traffic Analysis Zone，TAZ）。南京历年总体规划、控制性详细规划都已明确界定南京市老城为明城墙以内所围合的区域（如图1-2），即以明城墙为界定要素，并以护城河、外秦淮河、金川河及玄武湖东北岸为界，范围涉及玄武区、鼓楼区、秦淮区，总面积约43 km²，大约占主城面积的20%。

图1-1 研究范围示意图
（来源：作者自绘）

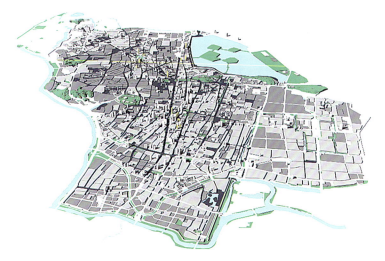

图1-2 历年总规、控规明确界定的南京市老城范围
（来源：南京市规划局）

1.3.2 研究的主要内容

本书围绕"新旧演替规律、空间范围识别、空间更迭动态特征、空间更迭与交通关联性机理"四条主线进行章节组织。

第一条主线"新旧演替规律"主要包括第 2 章,在对经典空间结构理论进行梳理的基础上,再对城市边缘区的新老转化过程进行梳理,并以南京市这种典型的历史性城市为例,阐释南京城市边缘区的新老转化与空间演进过程经历了"尚未开发—零星建设—加速演进—发展滞缓—转型消融"五个阶段的状态变化。

第二条研究主线"技术识别",主要包括第 3 章,研究在对出行时空分布特征分析的基础上,运用断裂点检测法,即通过发掘不同方向上出行强度的突变区间,建立划分识别老城边缘区的技术方法。

第三条研究主线"空间更迭动态特征",主要包括第 4 章,对转型时期即 2010 年、2015 年两个时期老城边缘区的空间总体变化特征及建成环境分项动态变化特征进行了剖析。

第四条研究主线"空间更迭与交通关联性机理",主要包括第 5 章,主要构建非集计交通方式选择模型,对 2010 年、2015 年影响出行方式的建成环境的显著性影响因子进行比较分析,以揭示建成环境变化对交通的关联性影响规律。

1.4 技术路线

按照上述研究内容,本研究综合运用文献查阅与个案剖析结合、理论演绎与实践调研结合、定性分析与定量研究结合的研究方法,建构如下研究框架(图 1-4)。

首先,基于对空间结构相关的经典理论研究的脉络梳理,以南京市为例,结合南京市城市发展历程,分别从空间结构演进、交通出行变化展开对南京市发展演进的研究,从而指出在这过程中新形成的边缘区和旧的老城边缘区之间的空间演替与演进。其次,针对现阶段城市转型期的发展现状,提出一种基于出行视角的老城边缘区空间识别方法;并以南京市 2010 年和 2015 年的出行数据为例进行实例验证,分别划出这两年南京老城边缘区的范围。再次,基于此,就老城边缘区的空间、交通分别展开更为详细的研究。先是对南京老城边缘区变化的空间更迭动态与演进的差异性展开研究,从而从建成环境的角度对老城边缘区的演进机理与模式进行总结和归纳。再其次,对老城边缘区的出行结构进行分类研究,并找出其与空间用地更迭的互动关联性规律。最后,在总结已有研究的贡献与不足的基础上,对未来老城边缘区的研究和发展建设提出具有建设性的意见和建议。

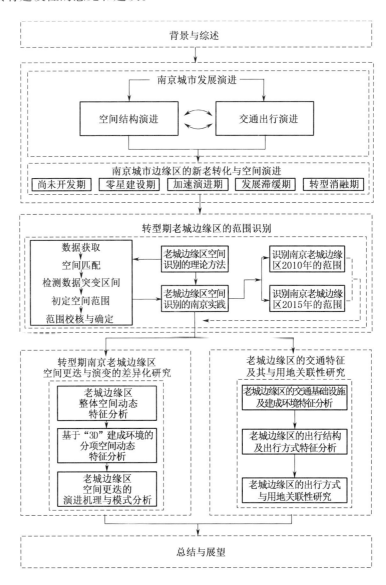

图1-3 研究的技术路线

2 城市边缘区的空间更迭与演进
——以南京市为例

2.1 城市内部空间结构理论的脉络梳理

空间结构是城市中各个要素(如建筑、土地利用、社会群体、经济活动、公众机构等)与城市空间的关系的总合,即城市各类功能在城市空间上的布局。所以它既包括城市各功能区的地理位置,也包括其分布特征和组合关系。因此,梳理空间结构理论有助于理解和解释老城边缘区的空间形成与演化。从另一个角度来看,任何一种城市空间结构,包括边缘区,都是一种空间组织秩序和规则,它把城市形态与城市的各个要素和系统的相互作用进行整合,并连接起来[38]。而这种相互作用的关系具体表现为城市的土地利用和各系统中群体出行行为的相互关系。长久以来,人文地理学和城市规划学均从各自的视角对其进行了深入的研究[39]。与地理学相比,城市规划学更倾向于关注城市的实体空间。以规划的角度看,由城市形体环境(physical environment)组成的外部空间即为城市空间(urban space),它是与实体(mass)相对的城市设计和建筑设计要素[40-41]。城市中人的行为活动,即人与人工(man-made)环境的相互作用,在多数场合决定着环境结构。因此,城市规划学认为,城市中各种行为活动的价值观与效率决定了城市空间结构关系,即城市环境构成因素的相互关系[42]。

本节将按照时间顺序对历年来对城市发展影响较大的城市空间结构理论进行梳理,如图2-1,至今共分为五个阶段。

(1) 阶段一:工业革命以前;
(2) 阶段二:工业革命初期(1860年代至1910年代);
(3) 阶段三:一战至二战前(1910年代至1940年代);

(4) 阶段四:二战到 20 世纪末(1940 年代至 1990 年代);
(5) 阶段五:信息化时代(20 世纪末至今)。

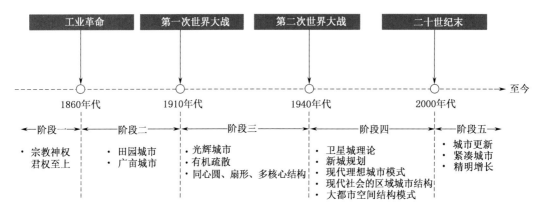

图 2-1　空间结构理论和城市边缘区的发展脉络

1) 工业革命以前

工业革命以前的城市建设史在城市规划史学研究中,一般被学者们称为"古代城市时期"。自古希腊到 18 世纪下半叶工业革命时期的城市规划又可以进一步分为古希腊、古罗马时期的"古典城市规划时期"和中世纪时期及文艺复兴前后的"中古城市规划时期"。不论是古典时期还是中古时期,西方城市发展都受到神权和君权思想意识的深刻影响,均强调以教堂为核心的空间结构布局以及规整化的静态空间结构形态。同时,随着社会和政治背景的变迁,不同的政治势力占据主导地位,不同的思想文化、价值观占据主导地位,带来了城市的兴衰,而且城市格局、风貌也表现出相应的特征。

一方面,这一时期的空间规划思维以宗教、君权至上,对内追求统一秩序。具有代表性的比如公元前 5 世纪的古希腊建筑师希波丹姆的棋盘式路网骨架的城市空间结构。另一方面,城市对外需要追求并重视防御功能,古代城市的外围多会建筑城墙,用于驻扎防御,城墙外围就是浓密的森林,部分城市的古老城墙仍保留至今,如加拿大魁北克老城。君权化、世俗化、军事化的思想在城市空间结构中不断强化,并体现在众多西方古城的实际建设中。早期比较典型的代表就是高台驻地、高墙围筑的雅典卫城。中世纪因为战争割据还出现了许多具有防御作用的城堡,如罗马营寨城。图 2-2 描绘了罗马营寨城的典型环形城墙与"T"字形交通干道,城市建设主要集中于城市内部单个核心建筑或小规模片区的建造,这一时期城市建设重点在城墙内部的教堂与广场,例如巴黎早期城市发展也受限于城墙(如图2-3)。

这一时期的西方城市空间结构呈现出较强的向心性和集聚性形态,倡导以教堂或广场为中心的集中式单中心发展模式。城门、城墙的外围区域人口稀少,城市的统治者们对这些区域关注较少,他们更多的是在追求城市内部空间的理想化结构秩序,在城市外围区域基本没有建设。城市的外围多为零星的村庄、自发居住点和森林田地。边缘区的概念在这一时期没有提出且不受重视,但是这些表现为自然郊野状态的、承担着安全防御或自然屏障功能的外围开敞地带,即形成了早期的城市边缘区。

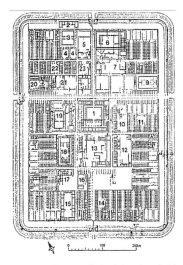 

图 2-2 古罗马营寨城的平面布局　　图 2-3 13 世纪的巴黎城市发展受限于城墙
(来源:参考文献[1])　　　　　　　(来源:参考文献[21])

2) 工业革命初期(1860 年代至 1910 年代)

18 世纪工业革命在英国爆发,城市迎来了前所未有的爆炸式发展。真正意义上的城市空间结构规划理论也由此起源。工业化带来生产规模的扩张,人口聚集特征也随之凸显。如何布局生活、生产活动等空间慢慢成为这一时期人们开始关注并重视的问题。城市空间逐渐摆脱几千年来一直作为政治、军事堡垒的"寄生"式角色,真正将关注的重心转移到生产生活上。以英国为典型代表,工业革命后英国城市化水平一路攀升,1800 年伦敦市人口为 86 万人,1850 年就已经约是原来 3 倍,为

2 城市边缘区的空间更迭与演进　　13

236万人。但工业革命的双面性很快显现。工业革命虽然颠覆了城市生产方式,但是直接威胁到了城市的生态环境。严重的环境污染让城市的环境日趋恶劣,学者不得不思考未来城市的发展方向。这一时期学者和城市管理者都或多或少地将目光对准了城市外围的未建设区域,也就是老城外围片区,即城市边缘区。在这一时期提出的空间结构理论很多,有霍华德提出的人本主义层面的田园城市,理性主义者提出的带型城市、工业城市,以及赖特(F. L. Wright)的自然主义层面的广亩城市等。这些结构理论中有的直接提及城市边缘区的概念,有的则通过其他文字描述出这样一个较为模糊的区域。

19世纪末霍华德提出的田园城市理论对城市内部和外围的空间结构与布局等进行了全面的规划,尤其是城市中心区域外围,即边缘区的功能布局。在霍华德的田园城市理论中,老城边缘区就是城市边缘区,用地以农业用地为主,以自然森林和特殊功能用地为辅。霍华德提倡采用分散思想来解决大城市的拥挤和不卫生状况。在他的大城市空间结构模型中,城市周围是一系列用来吸引大城市中人的人口规模较小的城市。霍华德规划设计的田园城市是单中心、圈层式发展的城市模式,城市四周为农业用地。如图2-4为霍华德绘制的结构简图,可以看到明显的圈层结构和环形放射路网。城市中心用地承担了较多功能,包括商

图 2-4 田园城市空间模式示意图
(来源:参考文献[1])

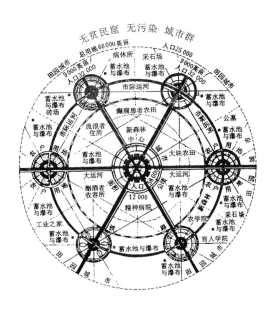

业、娱乐、市政服务等。在城市中心与外围新城组团之间存在着一定规模的过渡圈层,主要承担了住宅、绿地的用地功能,即城市边缘区的用地布局。

1932年,赖特基于分散发展提出广亩城市的概念。这一概念充分考虑了交通出行与城市空间结构之间的重要关系。赖特认为当时的城市需要空间变革,尤其是大城市的空间结构已经不能适应现代生活的需要。现代生活中小汽车日益普及,需要分散的空间支撑这种新的生活方式。随着汽车逐渐普及、电力逐渐进入日常生活使用中,城市的中心没有必要再作为承担一切活动的空间区域。所以赖特提出广亩城市的概念,他要把人从城市中解脱出来,发展一种分散的、低密度的新形式。而且在广亩城市中,会有多个生活居住就业空间区域结合在一起的结合体。市民可以通过各个结合体之间的高速公路和方便的汽车交通到达各个区域。广亩城市会完善公路沿线的公共服务,如建设公共设施、加油站等,并保证这些服务设施均匀覆盖(如图2-5)。20世纪60年代后期,美国城市的郊区化现象越发普遍。赖特的广亩城市在这场郊区化运动中得到了一定程度的印证。未来交通出行将引导城市规模和边界扩大,城市边缘区在此理论下也将随着交通的拓展而拓展。

图 2-5 赖特的广亩城市示意图
(来源:参考文献[49])

综上,这一时期的空间结构理论开始关注城市外围,城市边缘区用地也开始出现一些混合。这一时期城市依然遵从单一中心发展模式,城市规模开始以老城为中心向外低密度蔓延和拓展。这一阶段不论是霍华德的田园城市还是赖特的广亩城市,都是基于工业革命后城市发展出现的矛盾而提出的较为理想化的模型。这两种模型中虽然没有直接讨论城市边缘区,但是都认为城市中存在着一种分布在组团间的间隔地带、过渡地带。这种地带多以自然要素为主,但局部有少量建设。这些区域多数为城市发展的弹性空间、生态的韧性地带,也有一些基础设施用地和社会福利保障用地,但规模不大。这也是早期城市边缘区的主要形式。

3)一战至二战前(1910年代至1940年代)

从第一次世界大战爆发到第二次世界大战之前(1910年代至1940年代),资本主义经济快速扩张,城市的空间规划更多的是在为经济发展服务。也是在这一时期,产生了很多经典的城市空间结构理论。"集中还是分散""单中心还是多核心"成为了这个时期关于城市空间结构的主要争论点。

集中主义的典型代表是功能主义先驱勒·柯布西耶。柯布西耶提倡对现有城市进行老城内部改造,使之重新适应城市社会发展的新需要。他倾向于以物质空间的改造来改造整个社会,而非脱离老城重新圈地建设发展新城。在柯布西耶的规划理念下,城市将依然保持单一中心式的空间结构。图2-6所示的是1922年勒·柯布西耶基于这种理念发表的规划方案,称为"明天城市"。该规划城市的人口规模为300万人。位于城市中央的中心区集中布置了各种机关、商业、公共设施、文化和生活服务设施。中心区规划建设24栋60层高的摩天大楼,为40万人口提供居住功能。中心区的高楼周围有大片的绿地作为分隔。绿地外围布置着多层板式住宅的环形居住带,预计容纳60万居民。而城市的最外围规划为花园住宅区,这里可以容纳200万人口居住。整个城市的道路网较密,规则排布。整个规划的中心思想是:集中城市、建设市中心、提升密度、功能分区、立体交通。勒·柯布西耶认为集中可以赋予老城新的生命力,而且通过现代的技术手段可以解决老城拥挤而带来的城市问题。这些现代的技术手段主要是建设高层建筑,提高建筑密度,并建立高效的城市交通系统。大城市交通设施的建设作为该项规划的重点内容,柯布西耶给予了详细的规划建议,包括公共交通方式线网规划与设施布局,如中心区的高架道路、市区与郊区之间的地铁和城际铁路线等。这一理论在昌迪加尔的规划实践中得以展现(如图2-7)。城市围绕老城中心进行立体高强度开发,高强度中心的周围是一圈绿化带,绿化带外围即是均匀布置的不同类型的居住用地,城市边缘区是大面积自然郊野状态,零星分布着一些交通和其他服务设施用地。老城边缘区即为高强度中心区外围的绿化带。

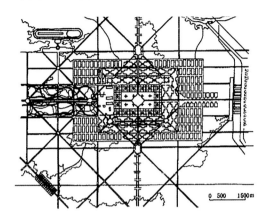

图2-6 柯布西耶的现代城市规划方案
(来源:参考文献[49])

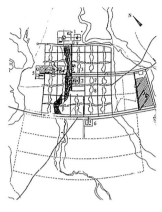

图2-7 柯布西耶的昌迪加尔城市平面图
(来源:参考文献[49])

这一时期同样倡导单一中心集中主义的理论还有同心圆理论和扇形理论。同心圆理论认为城市具有一个空间核心,不同功能的用地围绕核心向外扩散形成规则的圈层同心圆结构(如图2-8所示),该理论是1925年美国芝加哥大学社会学教授伯吉斯(Burgess)在研究芝加哥城市内部结构时提出的。在该模式中,第一圈为核心圈,是城市的中心商业区,是城市多功能集中的核心,分布着城市主要的商业、事务所、银行、股票市场、高级购物中心和零售商店,是城市中心区;第二圈是与中心区相邻的过渡区,主要是衰败的贫民窟或一些较低档的商业服务设施基地;第三圈是工人住宅区;第四圈为条件较好的公寓住宅区;第五圈是我们称为"城市边缘"的通勤地带。居住在这里的社会中上层人士每天通勤到达中心商务区工作。该地带是城市与乡村互相渗透的地域,是城市发展的前沿。如图2-8中,第一圈层即城市中心或老城中心;第二圈层是在功能被外迁后而腾退出来的区域,其发展逐渐没落,该区域与本书研究的老城边缘区的概念相似。扇形理论基本保留了同心圆理论的圈层结构。但是霍伊特(Hoyt)的扇形理论关注到了城市道路系统对城市空间扩展的影响。该理论认为城市空间在由市中心向外扩张时并非是匀质的。这主要是因为城市道路对空间扩张具有引导性,尤其是放射性道路(如图2-8)。但城市用地受自然地形和各种障碍物的影响,城市的道路并非均匀地向外延伸建设。这就导致了城市向外扩张时呈现出不规则的形态。在扇形理论中，城市边缘区大致位于各功能扇形与郊区交界处。城市功能和城市用地边界会沿着交通轴线向外辐射，城市边缘区的位置也会随着城市空间和交通的变化而变化，边缘区的形态也与交通网络的布局密切相关。

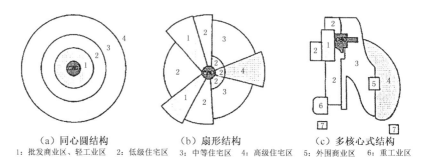

图 2-8 同心圆、扇形、多核心式三种空间结构模型对比示意图
（来源：参考文献[1]）

（a）同心圆结构　　（b）扇形结构　　（c）多核心式结构
1：批发商业区、轻工业区　2：低级住宅区　3：中等住宅区　4：高级住宅区　5：外围商业区　6：重工业区

分散主义的典型代表就是沙里宁（E. Saarinen），他的有机疏散理论认为，可以通过"对日常活动进行功能性的集中""对这些集中点进行有机的分散"这两种组织方式使原先密集城市分散成多核心的多组团，从而保证每个组团都能保持健康、适度的规模。沙里宁首次详尽地阐述有机疏散理论是在 1942 年出版的《城市：它的发展、衰败与未来》一书中。沙里宁从自然界的生物演化中得到启发，提出可以将城市看成一个有机体，若要解决大城市发展集中带来的一系列城市病，就需要进行疏散。所以他全面地考察了中世纪欧洲城市和工业革命后的城市建设状况，基于对城市有机体的认识，揭示现代城市开始衰败的原因。沙里宁在赫尔辛基规划中成功实践了这一理论：(1)把衰败地区中的各种活动，按照预定方案转移到适合于这些活动的地方去；(2)把腾出来的地区改作其他适宜的用途；(3)保护一切老的和新的使用价值。在大赫尔辛基规划方案中，沙里宁提出在赫尔辛基附近建设一些可以解决一部分居住就业的半独立城镇，以缓解城市中心区的用地紧张。在他的规划思想中，城市是一步一步逐渐离散的新城，不是跳离"母城"，而是有机地进行着分离运动。即城市的所有功能并非全集中在城市中心区，而是疏散到适合的外围新区进行发展。新城片区可以保证居住与就业的平衡，减少居民出行时耗、出行距离，更会降低市民的生活成本。因此，有机疏散理论就是把大城市拥挤的老城中心区，分解成为若干个集中的单元，并把这些单

元组织安排在若干个规模相近的新城片区,它们彼此之间将用保护性的绿化地带隔离开来。

如图 2-9,在有机疏散理论中,老城边缘区即为老城与新成立的外围新区中心之间的绿化隔离带,老城边缘区在这样的结构理论中的发展是一种"回退式"的发展模式。疏散之前,老城边缘区是城市建设区域,随着疏散展开,这部分的功能随着老城内部的部分功能一同被安排在外围新区,腾退出的老城边缘区空间将回归到未开发建设的自然状态。作为霍华德田园城市和柯布西耶集中主义思想的折中产物,有机疏散理论成为了之后卫星城建设的重要思想基础。这种多片区多点式的发展模式和分散思想被继续深化发展,其中最典型的就是多核心理论。

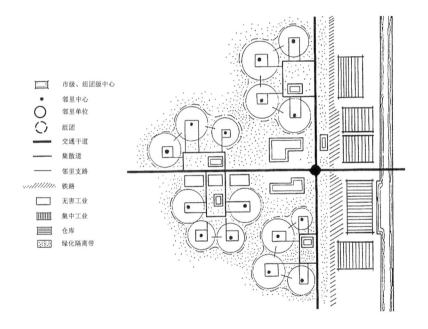

图 2-9 有机疏散理论图示
(来源:参考文献[49])

多核心理论是 1945 年由美国社会学家哈里斯(Harris)、乌尔曼(Ullman)共同提出,该理论更关注城市空间结构与各功能区的空间活动需求。这些需求包括自然资源供给需求(如工厂对水源的需求)、区位临近的配套服务需求(如工厂区外围的居住区)、安全防护需求(如污染性高的工厂远距离布置在郊野)、地租成本可负担的需求等。在这些因素的综合作用之下,最终形成了城市的若干个不连续的地域空间划分。这些地域分别围绕不同的核心而形成和发展,尤其是大城市并不是围绕一个中心,而是围绕多个核心成长发展的。核心之间彼此存在一定程度的职能联系。多核心理论认为城市地域空间呈现多元结构,不仅存在中心商业区作为整座城市的中心,还存在各个功能各自支配的中心,往往围绕在主城区外围,承担批发商业和轻工业区、重工业区、住宅区等多种功能。各个功能区域往往呈现不规则形状,其分布特征也体现了从主城区到城市外围的过渡性质。各个中心的等级不一样,在城市中的地位自然也不同。该理论为研究城市不均衡发展提供了理论支撑,也从一定程度上帮助了我们理解城市内部会存在的那些"被边缘化"的发展洼地。

综上所述,这一时期典型的城市结构理论都肯定了城市发展过程中城市交通及功能组织对城市形态的影响。集中主义倡导者推崇单中心式空间结构模式,分散主义提倡多中心模式,这一阶段争议较大,纷纷探索可能的城市空间结构,但对于城市边缘区、老城边缘区的规划定位基本都是保持或恢复到一种自然绿化状态。此外,这一时期铁路、公路、公共交通等多样化交通模式的发展正在缩短城市空间之间的时间距离,也增强了空间之间的相互作用。面对日益增加的空间需求,交通出行的网络化建设成为了城市空间规模扩张、健康生长的重要支撑。集中还是分散仍是城市结构探索的重要问题。在城市的扩张过程中,城市边缘区也在慢慢进行地理空间上的拓展和功能结构上的演进。

4) 二战至20世纪末(1940年代至1990年代)

二战到20世纪末(1940年代至1990年代)的阶段是城市边缘区多元发展的阶段。这一时期,战后重建、快速发展、恢复城市经济社会各方面是该阶段城市发展的主要任务,因此战后功能主义蓬勃发展。社会发展普遍接纳适度分散的思想,尤其是针对大城市病的现象。在此过程中,工业、经济的发展引发了城市空间结构的剧烈振荡,使城市空间结构的研究打开了系统化探索的新局面。愈来愈复杂多样的城市空间衍生了城市边缘区的多元演进,老城边缘区就是其中一种演化结果。这些发现开始启迪规划师们用动态发展的视角看待城市的空间演化,包括边缘区,他们都需要对其进行与时俱进的研究和探讨。这一阶段诞生的城市空间结构主要有卫星城、新城建设、现代理想城市模式、现代社会的区域城市结构、大都市空间结构模式等。

1920年代初,恩温就提出了卫星城概念。卫星城理论是从田园城市理论的基础上发展起来的,目的是要分散中心城市的人口和工业,解决城市人口膨胀问题。1924年，在阿姆斯特丹召开的国际城市会议肯定了建设卫星城是防止大城市规模过大和不断蔓延的一个重要方法，并且明确提出了卫星城的定义：一个经济上、社会上、文化上具有现代城市性质的独立城市单位，但同时又是从属于某个大城市的派生产物。卫星城的思想真正地被运用到城市规划实践中是在1940年代。典型的案例就是1944年阿伯克隆比完成的大伦敦规划。规划在伦敦周围建立8个卫星城，以达到疏解伦敦的目的，这对当时的巴黎还有中国的大城市都产生了深远的影响。西方大多数国家都有不同规模的卫星城建设，其中以英国最为典型，后来一般称作新城运动。英国伦敦周围的卫星城根据其建设时期的先后分别被称为第一代新城、第二代新城和第三代新城。第三代新城的概念更强调城市的相对独立性，它基本上是一定区域范围内的中心城市，为其本身周围的地区服务，并且与"中心城市"发生相互作用，成为城镇体系中的一个组成部分，对涌入大城市的人口起到一定的截流作用。卫星城的思想也被引进到中国，北京等大型城市为解决中心城镇人口膨胀等诸多问题，纷纷开展卫星城实践。

卫星城（新城）是以分散大城市过于集聚的功能和人口为主要目标的重要手段（如图2-10），其依赖城市道路交通快速发展的条件以保证母城与卫星城之间高效的物资运输、流畅的信息交流等。卫星城、新城建设的核心其实都是一种跳跃式的发展模式。但因为卫星城与老城之间距离较远，且城市的重心与投资主要集中在卫星城、新城，老城与卫星城之间的地带在这一时期开发较少，老城边缘区发展速度渐缓。之后，更多的专家学者不断修正并补充已有的空间结构理论，又出现了多种新的城市空间结构模式。他们大多以经典结构模式作为研究基础[43-47]，提炼并分析不同要素及其空间分布，揭示城市中心空间和外围空间结构的关系与特征。

1947年，迪肯森（Dickinson）提出了"三地带"理论。他通过对欧洲一些城市的考察，将城市的地域空间划分为三个地带：中央地带、中间地带和外缘地带（或郊区地带）[48]。"三地带"理论和同心圆理论类似，其突出的贡献是真正提出了"边缘"的概念，认为外缘地带和郊区是一种性质类似的空间。

1963年塔弗等人提出理想城市结构模式（如图2-11）。该结构模式由五个部分组成，从中心向外围依次分布着中央商务区（CBD）、中心边缘、中间带、外缘带和近郊区。城市中心区和近郊区之间是圈层式发展模式，但这不是均质的圈层蔓延。从中心到郊区的开发强度呈现出"先降、后升、再降"的波动式特征。该模型中没有将边缘区视作一种均质蔓延的结果，而是承认边缘区也有区位差异、功能差异，承认边缘区的发展水平、开发程度有高低之差。该结构理论中提到的"中心边缘区"与本研究的老城边缘区概念类似。

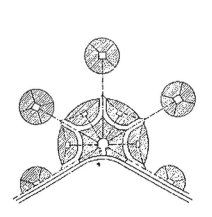

图 2-10 卫星城规划空间示意图
（来源：参考文献[1]）

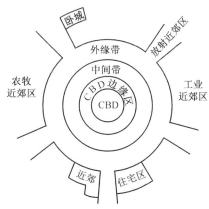

图 2-11 塔弗的现代理想城市模式图
（来源：参考文献[1]）

1975年洛斯乌姆（Russwurm）在研究了城市地区和乡村腹地以后，提出区域城市结构模式（如图2-12）。在这个结构中，最中心的依然是核心商务区，然后依次向外分布着城市边缘区、城市影响区和乡村腹地。洛斯乌姆认为，城市边缘区位于城市和乡村之间，是一个具有特定的经济社会特征的连续区域。他将城市边缘区分为靠近核心区的内缘区和靠近乡村的外缘区。外缘区与城市影响区直接相邻，影响区内分散着一些城市节点空间，具有发展成未来新区组团的潜力。区域城市结构模式较以往的理论结构更加看重在宏观区域尺度上城市边缘区的地域结构，包括边缘区的区位关系、内部特征等。该理论认为城市边缘区内部存在分异，而且这与边缘区的空间区位、交通条件关系密切。

1981年，穆勒（Muller）提出大都市空间结构模式。在区位上，内郊区介于老城与新城之间，与本研究的老城边缘区具有相似的特征。内郊区因为新城的发展而没落，成为老城边缘区。如图2-13，大都市空间结

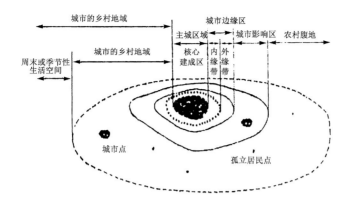

图 2-12 现代社会的区域城市结构示意图
(来源：参考文献[1])

构模式也是一种圈层式结构,从中心到外围功能四个圈层,依次为衰落的中心城市、内郊区、外郊区和城市边缘区。其中,第三圈层的外郊区内分布有多个小城市,可以理解为老城中心衰落后产生的多个新片区中心。这种模式适用于由于城市老城中心城市病愈加严重时而不得不发展新的增长极的情况。城市化中期,很多大都市陆续出现功能性衰退,中心的品质与地位逐渐衰落,城市开始在外郊区建设若干个小城市,发展新城中心,也可理解为一种多中心模式。

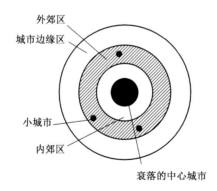

图 2-13 大都市空间结构模式示意图
(来源：参考文献[1])

综上所述,这个时期城市空间结构理论丰富多元,规划者们纷纷探索不同的多中心发展模式。一方面,城市化的进程还在继续,城市还在扩张规模,但跳脱出单一中心逐渐探索其他核心圈的发展让城市也跳脱出了单一方向上的圈层式、"摊大饼式"的发展。城市积极探索多元多样的发展空间,城市的边缘区也随之进行着多种形式的演进。这一时期的城市边缘区,相较于其在空间上的拓展,其在城市地域空间结构中的演化更加多元化。城市拓展伴随着空间的更迭,不断有新的边缘区在城市

2 城市边缘区的空间更迭与演进

新的边界外围产生,同时部分边缘区被慢慢纳入中心城区。一些边缘区的空间区位随着交通条件的改善而不断提升,功能定位逐渐由边缘区变成了核心建成区。但是跳跃式的新城发展给部分边缘区带来的仅仅是在地理区位上直接转变为城市核心区,这些区域在功能层面的演变却依然十分缓慢、艰难,这也是老城边缘区形成的契机。

5) 信息化时代(20世纪末至今)

从20世纪末开始,伴随着第三次工业革命,社会步入信息化时代,全球呈现多极化发展。全社会积极探索健康可持续的发展模式。而这一时期的城市空间骨架基本已经定型。城市交通地上地下一体化发展逐渐成熟,交通出行更加便捷,交通出行方式逐渐走向多元化、绿色化。像巴黎这样的大城市已经进入后工业化时代,开始放缓空间拓展的速度。城市空间发展的重点已经不全在新区建设上了。老城、旧城的规划逐渐被重视。城市空间规划更加追求人性化、公平化、多元化、制度化发展,文脉主义、新城市主义蓬勃发展。

21世纪以来,新城市主义诞生,其思想的核心是对城市内部的关注和对郊区的引导。一方面,依据现阶段和未来一段时间的生活生产需求,对老城、旧城中有价值的空间进行改造,取其精华,去其糟粕,运用城市更新的思想与方法使之衍生出符合当代人需求的新功能。但是改造是有原则的,始终强调要保持旧的面貌,特别是旧城市的尺度和空间肌理。而另一方面,也就是在城市郊区,则提倡采取"紧凑城市"模式。这是一种有节制的、以公交导向为主的开发模式。"传统邻里发展模式"(Traditional Neighborhood Development,TND)和"公共交通主导发展模式"(Transit-oriented Development,TOD)是其典型的两种模式,是将配套设施完善的社区邻里中心或者公共交通枢纽中心作为核心,从而引导片区的均衡发展。通道发展模式还细分为不同尺度层面的应用与开发,在区域层面上的TOD开发模式鼓励沿着现有邻里或者组团之间的交通沿线进行填充式开发或再开发,布置相关的公共设施和功能混合的各类用地。这些体现了新城市主义在城市空间结构层面的规划特点:(1)紧凑均衡的空间结构;(2)舒适安全的出行环境;(3)多元复合的功能布局。很明显,新城市主义关注老城的内部更新和再发展、关注交通出行与空间的互动关系、关注多元复合的空间需求。这也是这一阶段各个国家实践中的参考原则。

1990年后北美学者提出精明增长的管理思想,是一种在美国、加拿大等国家的大城市因为小汽车发展产生了郊区化的、不受控制的状态和生态负效应的背景下提出的理论。精明增长提倡公共交通和步行交通,鼓励市民参与规划、共同振兴城市中心区,强调对土地利用采用"紧凑"的开发模式,提高土地利用强度和混合度。

这一时期城市既关注内部空间的精细化设计与管理,提高土地利用效益,提高生态环境质量,也更强调区域格局的不可或缺的价值。很多规划者鼓励区域内多元主体互动、激发内在发展潜力。典型案例是德国鲁尔工业区的区域整治及英国利物浦地区和格拉斯哥等传统产业地区的区域发展转型。这些旧工业区的更新升级,一跃成为城市新的发展引擎。类似的空间规划思想还有拼贴主义、触媒思想等。现代城市规划已从理性主义转向社会文化主义,规划思维也从静态转向动态循环。这种发展趋势也促使了城市规划从空间功能分割转向系统整合[49]。老城边缘区作为这种动态演变的特殊空间,且是城市空间中亟待更新再开发的低效空间,逐渐成为这一时期城市规划探讨的重要对象。

6)小结

(1)城市内部空间结构理论的发展

表2-1梳理了城市内部空间结构理论的发展脉络,可以总结出这些理论的核心思想经历了"宗教与权利至上——机械功能主义——功利主义——生态主义、人文主义"的转变,城市空间规划从追求集中化的秩序到追求效率、为经济发展服务,再到更加关注人和自然、城市和区域的关系,这是一个不断探索、完善的过程。早期城市普遍接受单一中心的空间结构模式,这种模式既便于管理又利于营造城市的集聚力和吸引力。但随着城市规模的扩张、功能的拓展,空间类型逐渐多样,空间的差异化发展带来了城市的不均衡发展。这种不均衡的空间压力又不断挑战传统的单中心城市空间结构。直到对老城产生的压力开始引起一系列城市问题,城市空间结构必须进行调整与转型,寻找新的增长极,刺激城市再生。由此,对于城市空间模式的探索也更加丰富,多元的理论发展带来了新的城市空间结构,城市也出现多极化的发展模式。

(2)各空间结构理论对边缘区的认识

从表2-1的总结可以发现,每个阶段各个理论的研究侧重点不同且对边缘区的认识也有差异,这表明边缘区的位置、功能是随着城市演进而变化的。边缘区的这种变化也是受到边缘区区位、城市功能片区、城市内部结构及城市交通模式影响的。单中心式空间模式下,老城边缘区即为城市边缘区,规划者多将这种空间规划为城市隔离空间,自然绿化带就是一种形态。多中心式空间模式下,老城边缘区因为城市跳跃式的发展而产生参差不齐的演进,这使得老城边缘区内部呈现出一种复杂、混合的空间特征。

表2-1 空间结构理论与边缘区的发展脉络梳理

城市发展阶段	规划理论	主要内容	对边缘区的认知
阶段一:工业革命以前	君权至上、神权至上	城市内部的空间集聚性较强,城市倡导以教堂或广场为中心的集中式单中心发展模式	边缘区的概念在这一时期还没有形成,但是这些承担着安全防御、自然屏障功能的外围开敞地带,形成了早期的城市边缘区
阶段二:工业革命初期(1860年代至1900年代)	田园城市	圈层结构加环形放射路网。城市中心用地承担了较多功能,包括商业、娱乐、市政服务等	在城市中心与外围之间存在一个过渡的圈层结构,主要承担了住宅、绿地的用地功能,形成了城市边缘区的雏形
	广亩城市	一种完全分散的、低密度的生活居住就业空间区域结合在一起的新形式,这些结合体之间将以高速公路相连接。肯定了交通出行对城市空间结构的影响	未来交通出行将引导城市规模和边界扩大,城市边缘区在此理论下也将随着交通的拓展而拓展
阶段三:一战至二战前(1910年代至1940年代)	光辉城市	提倡以物质空间的改造来改造整个社会,而非脱离老城重新圈地建设发展新城	开始重视城市内部空间的调整。城市边缘区是大面积的自然郊野状态,零星分布着一些交通和其他服务设施用地。老城边缘区即为高强度中心区外围的绿化带
	有机疏散	通过"对日常活动进行功能性的集中""对这些集中点进行有机的分散"这两种组织方式使原先密集城市分散成多核心的多组团	老城与新建设的城市组团之间需要用保护性的绿化地带隔离开来,这其实就是早期老城边缘区的一种
	同心圆理论	城市以不同功能的用地围绕单一的核心,有规则地向外扩展形成同心圆结构	第一圈层即城市中心或老城中心,第二圈层是在功能被外迁后腾退出来的区域,其发展逐渐没落。该区域与本书研究的老城边缘区的概念相似
	扇形理论	认为城市空间在由市中心扩张时并非是匀质的。这主要是因为城市道路对空间扩张具有引导性,尤其是放射性道路	强调城市功能会沿着交通轴线向外辐射,城市边缘区位置也会随着城市交通的发展和城市用地边界的变化而变化
	多核心理论	在不同功能需求的综合作用之下,最终形成了城市的若干个不连续的地域空间划分。这些地域分别围绕不同的核心而形成和发展	各个中心的等级不一样,在城市中的地位自然也不同。该理论为研究城市不均衡发展提供理论支撑,也从一定程度上帮助了我们理解城市内部会存在的那些"被边缘化"的发展洼地

续表

城市发展阶段	规划理论	主要内容	对边缘区的认知
阶段四：二战到20世纪末（1940年代至1990年代）	卫星城	是一个经济上、社会上、文化上具有现代城市性质的独立城市单位，是一种跳跃式的发展模式	卫星城与老城之间距离较远，城市的重心与投资主要集中在卫星城和新城，老城与卫星城之间的地带在这一时期开发较少，老城边缘区发展速度渐缓
	三地带	城市的地域空间由中央地带、中间地带和外缘地带（或郊区地带）组成	提出了边缘的概念，认为外缘地带和郊区是一种性质类似的空间
	理想城市	由中央商务区、中心边缘区、中间带、外缘带和近郊区五个部分组成	从中心到郊区呈现"先降、后升、再降"的波动式开发强度。城市边缘区分为内缘区和外缘区，是城市发展指向性因素中渗透的、不断发展变化的地区
	区域城市空间结构模型	由城市核心区、城市边缘区、城市影响区和乡村腹地构成的区域城市结构模式	更加看重在宏观区域尺度上城市边缘区的地域结构，包括边缘区的区位关系、内部特征等，认为城市边缘区内部存在分异，而且这与边缘区的空间区位、交通条件关系密切
	大都市空间结构	由四个部分组成：衰落的中心城市、内郊区、外郊区和城市边缘区，外郊区内分布有多个小城市	内郊区与本研究的老城边缘区具有相似的特征。区位上，内郊区介于老城与新城之间。内郊区因为新城的发展而没落，成为老城边缘区
阶段五：信息化时代（20世纪末至今）	城市更新紧凑城市精明增长	控制城市规模与城市蔓延，提倡更加高效、更加集约、更加健康的可持续发展模式	老城边缘区是动态演变的特殊空间，且是城市空间中亟待更新再开发的低效空间

近代西方城市快速发展，由于当时缺乏有效的规划控制，在老城中心区及其周边出现严重的"城市病"，如人口迅速膨胀、城市环境日益恶化、土地和资源的使用不合理等等。于是越来越多的中产阶级家庭远离拥挤不堪的城市中心，搬迁到城市的郊区，产生了一些新的集聚中心，因其功能完善并具独立性，又被称为"边缘城市"。由于新城的建立分散了城市中心的客流，城市老中心遇到强有力的竞争。为了解决城市老中心区的衰落问题，西方城市在二战以后就开始着手旧城更新工作。除了在老城内部重建历史地段、改善商业环境和综合开发文化场所之外，也在紧邻老城的边缘区兴建居住及商务办公区，并建立对外公共交通系统和快速轨道交通系统以加强联系。西方老城边缘区经历了蔓延酝酿——环境恶化——郊区化停滞——城市更新再发展的过程。这些发现为我们进一步探究中国老城边缘区的特征、把握边缘区症结并寻求解决途径提供了依据[49-50]。

2.2 南京城市发展历程

2.2.1 时间特征节点选取

南京自明朝建都(1356年)以来的城市建设历程大致可分为:封建统治时期、民国时期、中华人民共和国成立初期、改革开放后的建设加速期以及21世纪以来的进一步提升期。因此,考虑到南京自身的特殊发展历程和数据的可获取性,分别以中华民国成立、中华人民共和国成立、改革开放、南京长江二桥建成前作为重要时间节点,选取1912年、1949年、1978年和2000年四个特征时点。如图2-14,研究划分出南京城市发展演进的五个重要阶段。研究选取南京市历史地图和历年城市规划资料并结合进行分析,按照这五个阶段对南京近现代以来的城市空间结构、交通出行分别探讨其发展演进历程[51-52]。

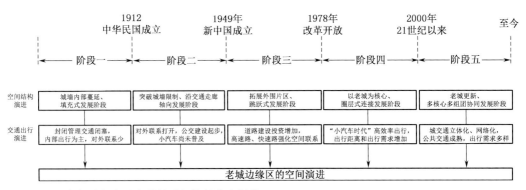

图2-14 南京城市发展演进的时间特征节点划分
(来源:作者自绘)

2.2.2 空间结构的演进

1) 城墙内部蔓延、填充式发展阶段(1912年以前)

民国以前(1912年以前),南京经历了漫长的封建制度时期。古代南京多发展农业和手工业经济。因为闭关锁国政策,城市对外联系较少。南京是典型的从历史建制演变而来的传统古代都城。公元1853年太平天国定都南京,改称天京,建设应天府城,出于军事需要,改造加固明代城垣,加筑城外营垒,初步奠定了今天南京城市的格局。明朝的南京城为四重环套配置形制,有宫城、皇城、都城及外郭四道城垣。都城以内为中心城区,该区域与如今南京老城范围一致。当时的都城分为政治活动综合区、经济活动综合区、城防区三大功能区,依次位于都城的东部、南部和北部。城防区内进一步划分为驻军卫所、教场、军事仓库等功能区。这三大分区的外围由外廓环绕,这也就是保留至今的南京明城墙,也是界定南京老城边界的主要因素之一。为了方便军事防御和城市内部管理,城市由城墙、护城河包围,城门是道路的起点,直接延伸到鼓楼等主要交叉口建筑,成为城市空间架构的中心。城市的主要交通干道都是通向城门的道路,城门处往往形成关厢地区。都城外围大多数保持着尚未开发的自然状态,东部是以孝陵卫为核心的陵墓区,南部为畜牧寺庙区,只有西部因为临近水运码头开始出商业聚集,慢慢成为城内商业的外延区。

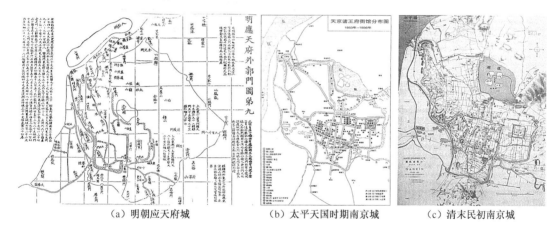

(a) 明朝应天府城　　(b) 太平天国时期南京城　　(c) 清末民初南京城

图 2-15　古代南京限于城墙内进行填充式发展演进图示
(来源:参考文献[52])

总结来看(如图 2-15),古代南京多为规则且轴线清晰的城郭形制。这一时期城市管理严格,用城墙限制着城市的发展边界。因为传统工业无法脱离居住场所独立存在,绝大多数作坊工厂散布在居住区内,分区形态处于混沌阶段,在空间分布上以沿河布置最为普遍。都城城墙外的田野乡林就是城市边缘区,城门外附近的边缘区内零星出现一些近邻道路的用地,主要是宗教祭祀场所、军事场所、小市集。如图 2-16,这一阶段城市的发展受限于城墙、护城河等因素,城市发展主要进行城墙内部自我填充，军事防护地带占比较高，城市建成区规模不大且较为零散，呈低密度蔓延态势。

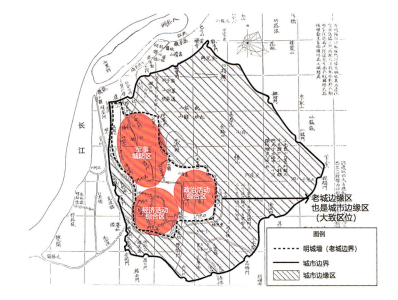

图 2-16 1912 年以前南京主要的空间结构示意
（来源：作者自绘）

2）突破城墙限制、沿交通走廊轴向发展阶段（1912 年至 1949 年）

民国时期，南京作为首都，其建设完全摆脱了我国古代都城建设的传统模式，走上了城市近代化的道路。民国十六年（1927）至民国二十六年（1937）是南京近代城市建设的黄金时期。南京开始突破城墙限制向外延伸发展，遵循的是以老城为核心、沿交通轴线拓展的分散式发展模式。这一时期城市对外的交通联系开始加强，随着公路铁路的建设，城市沿着这些主要对外通道建设，形似指状蔓延，在交通走廊上开始出现工业聚集的现象。此时南京老城中心仍为城市核心，即鼓楼、新街口区域。

近代因为西方列强入侵、外国资本输入，城市被迫打开城门开始发展。开放城市，兴建工厂，民族资本主义开始成长。1858 年《天津条约》的签订直接加速了南京的城市化与近代化进程。南京在 1919 年至 1949 年的 30 年间共进行了 7 次不同程度的城市总体规划。其中 1929 年国民政府编制完成的《首都计划》奠定了今天南京城市基本的道路格局和空间框架。同时，它也是南京城市规划史上第一部正规的设计文件。该计划将城市划分为中央政治区、市行政区、工业区、住宅区、商业区、文化教育区,共6个部分。该计划确定了由中山北路、中山东路、中山路组成的"Z"字形干道体系。这些道路慢慢成为南京主城的骨架,影响着南京城市的发展格局直至今日。南京市1949年以前城市成带状一直延伸到江边。由于城区内存有大量的菜田和空地,城墙内部土地开发松散,并不饱满。南京作为典型的传统封建城市在帝国主义的侵入及本国资本主义的渗入而发展,由于近代工业、铁路交通等兴起,使城市局部发生着变化。这一时期,城市拓展被迫加速,城市建设用地增加较快,并开始出现一些跨越城墙进行的建设。城市开始加速向外拓展,城市边缘区内也开始进行开发建设。

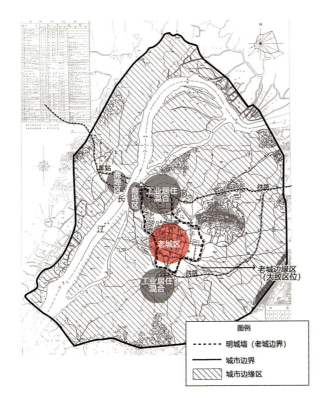

图2-17 1912年至1949年南京主要的空间结构示意

3) 拓展外围片区、跳跃式发展阶段(1949年至1978年)

第三个时期,南京开始跳脱老城拓展外围工业并建设卫星城镇。1949年至1980年这新中国成立后的30年,是中国城市发展的迷茫时期,因为当时的现代城市规划发展尚不成熟,这一时期城市将更多精力放在规模拓展上,对于城市空间发展的逻辑合理性欠缺考虑,为后来的城市发展埋下无序蔓延的种子。

1956年,南京市完成对南京总体规划的修订工作,确定南京的城市性质,是全国交通工业城市之一,将工业发展放在南京城市发展的首位。规划布局中,将工业作为重点,而且明确城区人口不得超130万人,将新建工业安排在卫星城镇。1958年,江宁、江浦、六合三县划归南京市,同时为了配合工业"大跃进",南京市开始跳跃式向外拓展,发展外围卫星城和工业区。老城内的有害工厂开始外迁,新建和扩建的工厂主要向东山、板桥、甘家巷等卫星城和工业区集中;而在老城外近郊区,也就是现在的老城边缘区布置一些一般工业,以轻工业、机械制造业为主,主要在老城的中华门、中央门外;污染较重的工业安排在燕子矶地区,也就是老城北部栖霞工业区。新建的工厂一般沿城市外围干道和对外的放射状公路布置,这种交通沿线型工业可以同时满足对运输和用地的需要。这些工厂最终基本建成,奠定了南京工业区和卫星城的雏形,也带来了南京在空间结构上的重大变化。这一时期城市的空间结构和功能布局被拉大,但是盲目扩张与浪费问题严重,城市的建设用地尤其是工业用地急剧增加,使得南京在空间结构上形成了以工业用地为主的城市伸展轴。

随后,南京虽然开展了连续多年的退地工作,但城市用地规模的假性膨胀无法被完全抑制,城市外围的松散用地布局已经成定性,郊区和卫星城对人口的疏散作用并不奏效。1960年进入了南京城市发展建设三年困难时期,城市建设基本停滞。1966年"文化大革命"爆发,南京城市建设再次受到严重干扰。老城内部各种擅自占地、圈地、违章建筑泛滥,空间结构极度混乱。1968年12月,南京市建成了南京长江大桥,南京长江大桥的建成通车,大大改善了长江南北两岸的交通状况,对于南京市的跨江发展也具有重大意义。1975年《南京城市轮廓规划》提出"改造老城区,充实配套新市区,控制发展近郊工业区,重点发展远郊城镇"的规划原则,并以内外交通为规划重点。

如图2-18,这一时期,南京的城市道路是南北方向长、东西方向短,干线偏少,机动车流量过分集中于几条干线上,尤其是南北中轴线和一些重要的交叉口,道路压力激增。这一时期末,南京城市建成区基本平行于长江伸展轴发展,同时城区已扩展到长江北岸,浦口区成为了主城区的一部分而发展迅速。南京分散化的空间结构形态在这一阶段基本形成。

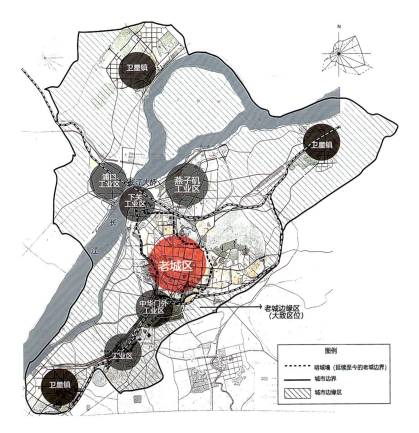

图 2-18 1949 年至 1980 年南京市主要空间结构示意图

4）以老城为核心、圈层式连接发展阶段（1978 年至 2000 年）

第四个时期，因总体规划的编制与实施，以老城为核心的圈层式连续发展模式开始对跳跃式发展形成的空隙地带进行填充，老城的核心吸引力依然很大，外围组团中心分流不明显。同时市场经济体制改革带来的冲击给城市空间结构带来了巨大的挑战和冲击，加剧了老城的拥堵与压力。

1978 年随着城市经济体制改革和对外开放政策的实施，权力和资本不断介入城市的空间建设中，南京的城市空间结构也出现了一些新的特点。1979 年政府开始编制南京总体规划的相关专项规划。为了疏解城区人口，改善市区内布局混杂、用地犬牙交错的现状，规划提出以市区为主体，围绕市区由内向外进行圈层式的布局，分为 5 个圈层。表 2-2 分别列举出了每个圈层的功能定位。其中市区中心内也分为 3 个圈层：鼓楼新街口为中心的 3 km 半径的核心区；核心区外围半径 4 km 的环形轻工业区及相应的住宅区;外环地带的外侧主要是由南北方向铁路仓库港口组成的市区对外总枢纽、东部市风景区、西部市蔬菜副食品基地。这一版总体规划具有强烈的计划经济特点,较为封闭。

表2-2 1979年南京总体规划确定的圈层布局内容

空间分布	功能定位
第一圈层	市区中心
第二圈层	蔬菜、副食品基地,风景游览区,作为与卫星城的绿色隔断地带
第三圈层	南京外围相对独立的生产基地,承接市区疏散的人口、工业、教育的单位
第四圈层	市域内大片农田、山林
第五圈层	远郊小城镇

1980年开始南京进行了一系列的规划修正拓展工作。新一版总体规划强调区域层面南京市都市圈的概念,从宏观上拉开城市骨架,突破了主城和传统的桎梏。城市中心以河流、铁路、城墙为自然边界,以第三产业用地为核心。以生活、居住用地为主体的西片(河西),以中央门外工业用地为主体的北片,以钟山风景区为主体的东片,以纪念风景区和对外交通设施为主体的南片,规划居住用地从现有的30 km² 增加到了40 km²。这种多中心的架构旨在打破封闭的圈层,但效果甚微。如河西地区作为副中心自1950年起开始作为发展预留用地,40年来发展甚微,对老城压力的承担效果不明显,陷入了无序状态,存在多点分散、规模小的状况。1997年开始住房制度改革,商品房市场的开发给城市空间结构变化带来了一个明显节点。南京老城区的工业用地要逐步转变性质、迁出城区,腾出的用地大多变为开发商品住宅用地,导致主城居住用地迅速增加。在这些大型的企业中,只有27%进入规划的城市产业园区,40%的企业只是迁到了老城区的外围。与此同时,新区的开发缓慢。客观上来说,这种现象实际上是国家将市场经济引入城市建设,而有效政策制度未能及时跟上的后果。

如图2-19,原规划的圈层空间格局发展成了单一中心的结构,这种结构的局限性很快暴露出来。因为改革开放带来城市的变化和经济增长的辐射力迅速突破预期,外向型经济、各类开发区建设、第三产业日新月异都突破了原有的封闭式圈层发展理念。出城通道增加,公路等级提升,城市边缘区开始被蚕食。一部分与外围城镇连片发展,一部分被纳入城市核心区。尽管这一时期,城市开始重视发挥城市中心作用,然后带动城乡一体化发展,但是单一核心区的城市空间结构理念在相当长一段时间内仍深刻地影响着人们的价值取向。老城的辐射力和吸引力不断增强,居住、工作的向心集聚性也随之增强,老城区的交通压力越来越大。

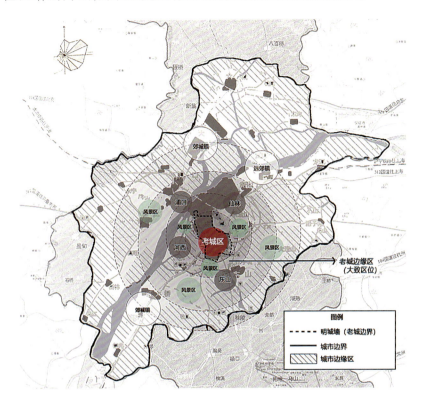

图 2-19 1978年至 2000 年南京市主要空间结构示意图

5) 老城更新、多核心多组团协同发展阶段(2000年至今)

第五个阶段,南京着重发展多核心结构,同时开始进行老城内部的二次填充。与第一次填充式发展不同,这次老城发展的重点是盘活存量空间与更新改造。这一时期政府开始有意识地紧缩向外扩展的增长策略。这一阶段南京的发展离不开大的时代背景与社会环境。21世纪初,中国加入 WTO,知识经济成为新的主导经济,居民消费结构产生重要的转变和升级,可持续发展理念、保护环境理念逐步备受重视。中国的城市发展逐步进入城市化中后期阶段,这个阶段的重点是既要保证中高速的发展,又要重视结构性的适应和调整。据《全国城镇体系规划(2006—2020年)》判断,2011 年至 2020 年间,我国城镇发展将迎来空间结构调整的高峰,伴随着一体化交通网络的构建,城市空间结构逐渐走向复杂

2 城市边缘区的空间更迭与演进

网络化。党的十七大后的"新型城镇化""科学发展观"等一系列政策和发展理念出台并实施,南京的发展随着进入了一个新时期。

2000年12月,南京市江宁县、六合县、江浦县被撤销,并分别改为江宁区、六合区、浦口区,市区范围大大增加。第三产业的蓬勃发展逐渐打破上个阶段圈层式发展的格局。为解决单一中心的弊端,2010年南京的新版总体规划着重强调促进城乡一体化、建设南京都市圈、构建市域多核心网络结构。为了避免人口、产业过分集中于主城区,政府积极推进老城外围仙林、东山、浦口三个副城的发展。采取集中成片的综合开发方式,在河西、城南、城东等地建设若干大型现代化生活园区,作为老城外围的次级中心体系进行组团建设。

2010年以来陆续的棚户区改造、盘活低效用地、宗地改造等政策措施正是一种精明的填充式增长模式。南京市城市内部填充与老城更新并行。城市开始进入内部填充与置换式发展,一些老旧居住区开始进行改造,棚户区也实行了拆迁计划,结合轨道建设积极开发利用中心区地下空间,垂直方向的发展建设大于水平方向的发展建设。

这一阶段,老城区原有的城市工业开始向外迁移,而相反的是第三产业发展迅速。老城区的产业结构和经济结构已经发生改变。老城区的改造方式从单纯的物质环境改造转变为旧区再开发,进一步促进了老城内环境和生活品质的进一步改善。这一时期的老城改造以调整老城的用地结构为主,重点发展第三产业,改善基础设施、交通和居住环境。而且,迫于老城区人口压力,南京市为了疏散老城过饱和的人口,开始实施"一疏散三集中"战略。战略的核心内容是疏散老城人口和功能、建设项目向新区集中、大学向大学城集中、将工业集中搬到工业园区。到这一时期末,南京主城区城市空间得到了极大的改善和拓展,城市格局进一步优化。南京正逐渐完善多中心网络结构,每个片区中心积极建设多条呈放射状通向城市外围的交通通道,各条交通通道之间,将会根据具体的生态及地理情况打造生态绿地。

如图2-20,2000年至今的转型发展让南京进入了城市群经济联动发展时代。南京已经从单一发展极的城市空间模式变成多中心空间网络模式。南京的自然山体和大型水系形成的生态阻隔,也造就了南京市不对称的多点轴向放射形发散扩张的特征。老城作为强中心的特征开始随着老城即外围区域的更新与再生而减弱,城市空间结构网络的重构将为疏解中心城区的功能发挥重要作用。

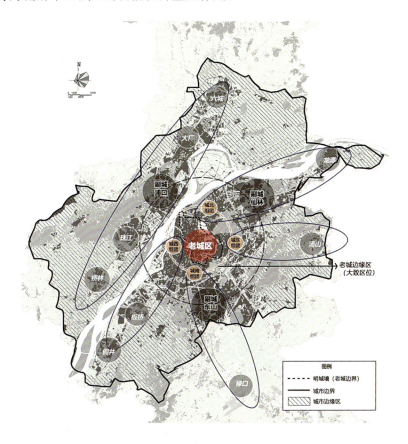

图 2-20 2000 年至今南京市主要空间结构示意图

2.2.3 交通出行的演进

随着城市的不断演变，城市交通形势也呈现出一定特征，主要体现在路网建设与交通设施的完善、交通工具的转变、交通方式的机动化与多元化、公共交通模式的优化[54]。

1) 封建时代交通闭塞，内部出行为主，对外联系少

1912 年以前，南京长期作为封建社会政治中心的传统城市，其工业极少，主要是历史遗留下来的传统手工业和农业。这些传统手工业规模不大，城市内部自给自足，城市与外界联系很少。封建时代，城市多实行严格的封闭管理，开市时间也有限制，居民多以生活性出行为主。而且交通方式落后，居民活动半径大多限制在 2.3 km 范围内。少

量交通性干道延伸出城门,作为城市对外联系的仅有的通道。早期的南京城内路网格局南北差异较大,东西也明显不同。老城内北部与东部地区的路网稀疏,北部的路网受到地形影响而较为混乱,东部路网比较规整(图 2-21)。老城内的南部片区拥有着明显密集的道路网络,支路网发达,整体格局纵横交错。路网呈现这样的空间差异与古代南京的功能分区有关。古代南京城北为军事区域,空间空旷,交通不发达,但是城南聚集着手工业、商业与居住区,交通流量较大,路网密度高。城东为政治区,路网结构也遵循一定的空间秩序感。

图 2-21 明代南京主要道路网络
(来源:南京市规划资料)

这一时期南京的交通出行还处于步行时代、马车时代。这一时期的城市道路网络以"T"字形骨干路网支撑起城市内部空间秩序,穿越鼓楼中心的干道穿越中华门城门,成为对外联系的主要道路。早期居民进出老城受到管理限制,活动范围有限,一般限制在 5 km 以内。

2) 对外联系逐渐打开,公共交通建设起步

从民国时期至中华人民共和国成立前,南京城市建设因为战火而停滞许久。1929 年国民政府的《首都计划》编制后,城市道路框架在原有基础上稍有发展。如图 2-22,城市空间范围没有明显扩张,仍以老城为主,道路建设主要集中于城市西北和南部。西北部连接下关至江边,南部通过中华门延伸到城外。城市道路有所增加,历史形制的道路格局基本保留。城市对外联系依然依靠这些穿越城门向外延伸的干道。《首都计划》确定的部分道路建设内容实施建成,包括以中山大道为代表的林荫大道。这些规划基础对之后南京的城市交通格局起到了一定的决定性作用。近代交通设施特别是津浦、沪宁两条铁路的建设,使南京再次成为交通枢纽,而老城西北方向的下关成为南京重要的节点,从而构成了近代南京"一条轴线(中山大道)、三个中心(下关、新街口、夫子庙)"的城市布局结构[55]。

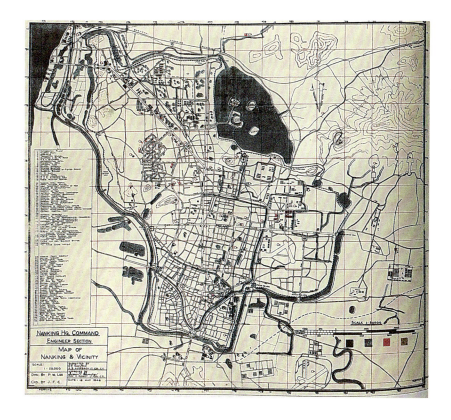

图 2-22 民国时期南京主要道路网络
(来源:南京市规划资料)

列强侵入后开始出现少量的汽车出行,但尚未普及,建设铁路也多作为货运使用,对城市的空间结构影响不大。居民的日常出行方式仍以步行、骑行为主。因为城市建设仍在老城内进行,老城外围在该时期还是边缘区的形式,以空地、农林地为主。

3) 道路建设投资增加,高速路、快速路强化空间联系

新中国成立后的"大跃进"和"文化大革命"时期,城市道路交通方面的基本建设投资明显减少。这一时期的道路交通建设进程缓慢,路网通达性降低。1969年建成通车的南京长江大桥是该时期主要的建设成果。该阶段南京市中心区因为空间建设扩张的速度放缓,所以没有发生大的改变,仍以单一中心结构为主。到了20世纪60年代中期,汽车成为大多数城市的主要运输方式。这一时期南京城市交通发展开始起步,政府开始新建道路,城市道路长度和覆盖率有很大的提升,南京的对外联系通道开始增多,城市道路建设火热。如图2-23、图2-24,这一时期城市交通发展的重点是加密城市内部道路,开始兴建外环路。公共交通也是从这一时期开始有序地进行系统性的建设,城市内部的空间联系逐渐便捷,交通出行效率提升。1960年至1980年,步行的出行比例在逐步下降。通过发展公共交通,公交的出行比例有一定的提高。

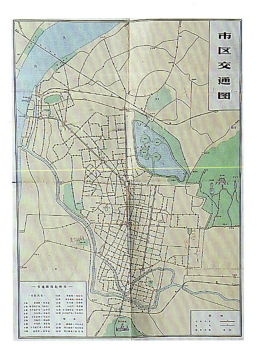

图2-23 1975年南京市区主要道路网络
(来源:南京市规划资料)

图2-24 1971年南京市郊区主要道路网络
(来源:南京市规划资料)

　　交通运输条件的更新与提高,使南京对外联系的交通时间得到大大缩短。因为城市建成了很多高级过境公路和环城道路,大大提升了这一时期老城外围尤其是边缘区的交通可达性,使其具有较好的交通环境。边缘区的道路系统会对城市扩展产生强烈的导向作用,因为交通的便捷开始吸引不同产业沿交通干线轴发展。交通出行条件的提升成为了城市向外扩张的动力,与城市中心传统的内聚力出现了抗争。这种内外的抗争力促进了边缘区空间结构的优化,部分生产要素和居民开始被吸引到边缘区。

　　这一时期的南京交通建设经历了先滞缓、再发展的过程,小汽车尚未完全普及,公共交通工具是居民出行的主要选择。居民出行的自由性尚未完全打开,这在一定程度上限制了人口的跨区流动,尤其是到达边缘区的出行很少。随着南京老城中心到外围工业组团的通道联系不断加强,出现了围绕主要通道轴线的"一层皮式开发"。这也使得这一时期的老城外围边缘区内部用地呈现城市、农村用地相互交错的空间形态,不仅用地效率低下,也造成通道交通拥堵,区域在这一时期的发展较为迟缓。

4)"小汽车时代"提升出行距离和出行需求,老城交通压力增加

随着城市化的高速发展,城市规模急剧扩大,满足日益增长的交通需求是该阶段南京交通发展的重点。城市开始大力推动交通路网的建设。城市主要沿着向东南、西南和西北方向的主要道路进行扩展,突破明城墙边界拓展新区。这一时期南京建成的城市道路南北方向长,东西方向短,但是因为干线偏少,机动车流量过分集中于几条干线上,尤其是南北中轴线和一些重要的交叉口,道路压力激增。

到20世纪末,南京一直处于快速的城市化进程中,中心城市吸引力持续增强。这一时期是南京有史以来城市化最快的时期,城镇人口增加量巨大,初步拉开城市的空间框架。老城区内工业按照"退二进三"政策向老城外围进行搬迁。这使得主城区用地结构在一定程度上得到了改善。1995年南京禄口国际机场开始建设,1997年顺利完工并通航,承担起重要的区域货物集散、国家区域交通枢纽的职能。南京禄口国际机场和南京长江二桥相继建成,对外快速通道的框架基本形成,同时期主城内的"经五纬八"的主干道网也基本建设完成(如图2-25),人均道路面积从1990年的4.5 m²/人增加到了8.7 m²/人,可见交通运输的条件得到大大的改善。但是,外围新城镇对于城市中心区的人口疏解作用不是很明显。

随着城市规模的不断扩大和居民出行距离的增加,城市出现机动化高速发展。改革开放以来,南京市机动车总量由1980年的3.28万辆增长到1999年的21.2万辆,1980—1990年,机动车总量年平均增长率为9.48%;1990—1995年,机动车总量年平均增长率为12.16%;1995—1999年,机动车总量年平均增长率为10.16%。随着道路交通逐渐饱和,机动车总量增长速度有所下降,2015年全市机动车拥有量达到224.06万辆,较上年增加约17.83万辆,增幅为8.6%。机动化发展的表现为,首先是摩托车出行的迅速发展,然后是小汽车出行的迅速发展。居民不断增加的活动空间使得远距离跨区出行需求增大,传统的以慢行交通为主的单一出行模式显然已不能满足居民的出行需求,自行车的出行比例大幅度下降。私人小汽车、公共汽车逐渐取代了自行车和步行,成为居民的主要出行方式。

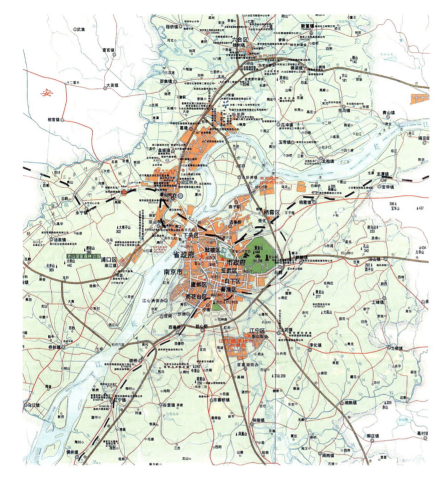

图 2-25　20 世纪末南京主要道路网络
(来源:南京市规划资料)

改革开放以后的 20 年,南京市的公共交通营运车辆发展经历了平稳发展、发展缓慢和快速发展的三个不同时期(如图 2-26)。1979 年至 1986 年,公交车营运车辆数年均增长约 6.7%。1986 年到 1991 年的几年间,公共交通营运车辆发展速度缓慢,公交车营运车辆数年均增长率仅约为 1.5%(如表 2-3)。1991 年后特别是市政府提出 3 年面貌大变以及 1998 年公交改制以来,南京市的公共交通营运车辆有了突飞猛进的发展,1999 年与 1997 年相比,2 年公交营运车辆增加 1 175 辆,相当于 20 世纪 90 年代初南京的公交车总量。截至 1999 年,全市公交运营线路 120 条,线路总长度 2 016.1 km,是 1979 年的 2.2 倍。

表 2-3 1979—2015 年间南京公交车营运车辆数发展进程

年份	1979	1986	1991	1997	1999	2008	2015
运营数量/辆	690	1 085	1 170	1 813	2 988	5 589	8 395

(来源：作者根据历年南京统计年鉴绘制)

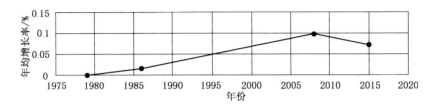

图 2-26 1979—2015 年间南京市公交车运营投入增幅变化折线图（来源：作者自绘）

改革开发以来，城市路网的骨架格局基本形成，路网日趋成熟的同时也刺激了个体机动交通增长，居民的出行模式也逐渐多元化、高效化。该阶段的显著特征是，南京老城四周的干道得到扩张和延伸，道路周边配套设施逐渐完善，主要是东西向的主干道及城郊道路。这一时期通过道路建设带动城市空间扩张，其中向西南方向的河西新城和东北方向的仙林副城的扩张尤为显著，给未来南京的多中心空间格局奠定基础。

5) 城市交通立体网络化，公共交通成熟便捷，出行需求多样化

21 世纪以来，南京在道路网络、公共交通体系等方面发展迅速，城市交通朝着更加立体化、网络化的方向发展。上个阶段企业外迁、老城区改造等项目开启了城市建设的新篇章。商品经济的发展不断冲击着原有的社会制度，以单位为服务单元的空间组织体系逐渐弱化[8]。这一阶段的交通发展增加了市民出行距离和活动范围，这些新的交通出行特征对城市交通提出了更高的要求。

随着现代经济和私人汽车保有量不断增长，道路网络建设方面更加立体化，高架路、隧道建设突飞猛进。2004 年完成了内环快速线的高架路建设，2007 年完成了九华山隧道、西安门隧道、通济门隧道的建设。2009 年新模范马路隧道正式通车，标志着南京快速内环的彻底合拢。整个快速内环是由隧道或高架路组成，全环长度为 33.06 km。2012 年随着南京长江四桥和绕城公路东北段建成通车，南京新绕城公路全线闭合开通。2011 年 6 月 28 日南京南站正式投入使用，作为垂直零换乘的大型交通枢纽，南京南站也是南部新城的核心。如图 2-27，2015 年年末，南京境内基本建成 10 条以上省际高速道路以及横跨江宁的南京绕城高

速公路等。新交通网络呈现出圈层轴线放射的网状结构,大大提升了市民的出行效率,尤其是缩短了老城与外围新区组团如江宁区、浦口区的时间距离。

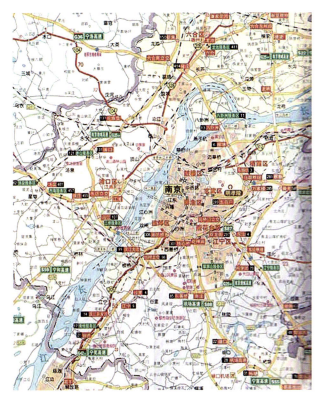

图2-27 2015年南京市主城区、市域范围交通网络(来源:南京市规划资料)

公共交通模式逐步优化。21世纪南京公交车营运更是有突飞猛进的发展,如表2-3,2008年公交营运车辆数与1999年相比,增长了87.0%,2008年至2015年间又增长了50.2%。公共交通的运营线路数与运营里程也有了很大的增长。2015年,南京公交运营线路已经达到610条,运营线网总长度9 653.6 km。2005年以来共享单车、共享电动车甚至共享汽车的引入进一步丰富了南京市公共交通模式,影响着居民的出行模式。城市轨道交通也逐渐完善(如表2-4)。2005年9月南京地铁一号线作为南京首条地铁线路正式通车,公共交通模式走向轨道交通时代。整条线路贯穿南京市老城中心腹地,加快实现了南京市外围新区的建设构想。2010年5月南京市地铁二号线的开通运营进一步加强了老城与河西新城片区的交通联系。如表2-4、图2-28,从2005年到

2015年年末，南京市地铁运营线路增加7条，运营线路长路总计达232.27 km，基本覆盖老城及周边的新城片区。

这一时期，居民的出行需求逐渐多样化，城市交通出行压力增加。但从老城至西南部的河西新城、东北部的仙林副城、东山副城（江宁区）以及西北部的江北副城的交通建设逐渐完善，城市向四周全面扩展，老城的部分功能和交通流量正在慢慢向这些片区疏解。

表 2-4 2005—2015 年南京地铁发展进程

时间	线路	区间	线路长路/km
2005 年 9 月	1 号线一期	迈皋桥—奥体中心	21.72
2010 年 5 月	1 号线南延线	安德门—中国药科大学	23.60
2010 年 5 月	2 号线	经天路—油坊桥	37.95
2014 年 7 月	10 号线一期	安德门—雨山路	21.60
2014 年 7 月	S1 号线	南京南—空港新城江宁	37.30
2014 年 8 月	S8 号线一期	金牛湖—泰山新村	45.20
2015 年 4 月	3 号线	秣周东路—林场	44.90

（来源：作者根据历年南京统计年鉴绘制）

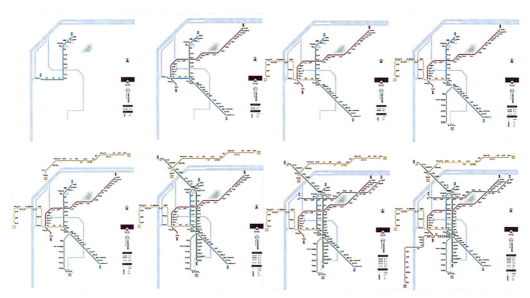

图 2-28 2005—2010 年南京地铁逐次建设情况图示
（来源：南京市规划资料）

2.3 南京城市边缘区的空间更迭与演进

通过对南京市城市发展演进历程的分析,发现南京市空间结构、交通出行的演进的阶段性与城市边缘区的新老转化和空间演进的阶段性关系密切。本研究将南京发展的五大阶段归纳为城市形成期、城市发展探索期、城市发展加速期、城市发展上升期、城市发展转型期,每个时期城市发展的主导因素不同,新老边缘区在城市地域空间结构中的区位和规模也有差异。

2.3.1 阶段1:边缘区尚未开发期

民国以前(1912年以前),南京主要是城墙以内的填充式发展。城市规模有限,老城外围、外郭城以内的区域即为城市边缘区。此时城墙限制了城市的发展规模和人群的活动范围。城墙与宫城之间的区域,就是早期的城市建设区域,以军事防护、居住、农田用地为主(如图2-29)。城市与城市之间的联系不强。少数老城门外围布置驿站、祭祀用地,其他建设开发几乎没有。

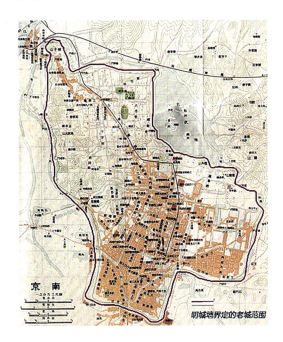

图2-29 清朝末年南京老城周边建设用地拓展图
(来源:南京市规划资料)

这一时期，城市长期处于封建统治状态，城市边缘区作为城市外围的自然防御区，因为多层城郭限制，城市边缘区的规模基本变化不大，新生边缘区增加缓慢，新老边缘区转化尚处于"酝酿阶段"，边缘区的演进速度缓慢。这一时期老城周边的边缘区就是城市边缘区，基本处于尚未开发状态。如图2-30，这一时期是南京发展初期，因为政治因素，经济发展水平较低，人口规模增长慢，城墙内部用地空间尚且充足，以城墙为界的内部填充式发展是这一阶段的主要形式。这一阶段城市呈现以行政中心为主的典型中心集聚模式，城墙外围是成片的自然防御地带、山体、河湖水系，老城城墙与外郭城之间长期保持自然状态。

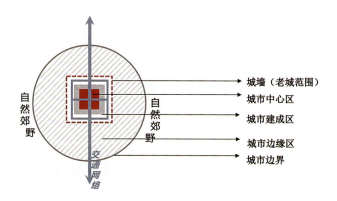

图2-30 边缘区尚未开发期的空间模型图示

2.3.2 阶段2：边缘区零星建设期

1912年至1949年，此时城内的填充式发展并没有停滞，仍在进行，城市建设用地因为人口增加而开始增加。但城市发展局部开始突破城墙限制，向外探索，在中华门外、下关等区域开始有商埠聚集点。例如，这一时期老城西北方向的下关区域因为濒临长江，水运发达，又依靠着老城，区位优势明显。同时，下关区域因为水陆交通发达，路网系统较为完善，商业兴盛，这一时期主要作为对外和跨江物资集散地。但是在城墙与外围农村居住片区之间的城市边缘区仍是大规模的农业特征明显的区域，比如老城东南方向的江宁区域。此时江宁还是南京市郊外的一个县城，尚未成为南京市区的一部分。在南京市老城与江宁县区之间是大片的农田和零散的村庄，这就是南京市早期的城市边缘区的主要形态，如图2-31，老城外围区域开始零星有些建设，但规模不大。

图 2-31 1940 年南京老城周边建设用地拓展示意图
（来源：南京市规划资料）

如图 2-32，这一阶段，南京老城对外联系通道开始打开，老城外围土地开阔，地价便宜，开始陆续有一些建设。新的边缘区开始产生，主要以城乡接合部的形式存在。这一时期的南京老城外围开始有一些零星的建设。即这一时期，边缘区的新老转化开始起步，但速度较慢，在空间上具有典型的城乡接合部特征，建设用地比例不高，比较分散，农业用地比例很大，其次是交通枢纽用地、工业仓储用地和居住用地。

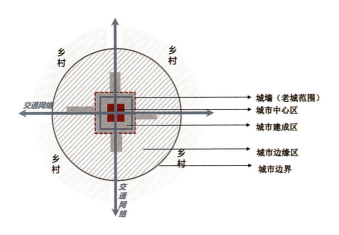

图 2-32 边缘区零星建设期的空间模型图示

2 城市边缘区的空间更迭与演进　49

2.3.3　阶段3：边缘区加速演进期

1949年至1978年，南京对外频繁的经济文化交流需要便捷的交通环境等基础设施，城市发展速度开始加快。南京开始在老城外围（即几个主要的城门外区域）建设高速公路、铁路等城市基础设施，占用了一部分农村用地。新中国成立后的计划经济时期，由于中国城市的经济建设受到"先生产、后生活"的政策方针的影响，开始从消费城市向生产城市转变，这一时期城市经济活动必须服从行政指令与计划，发展建设与边缘区很少发生横向联系。老城中心的流通功能萎缩，服务业很不发达，使得老城中心与老城边缘有一定空间阻隔，边缘区依然保持着城乡接合部的性质特征，城市功能未得到发挥。边缘区主要为城区提供蔬菜、副食品和其他原材料等，城乡差别越来越大，致使城乡分界并形成明显的二元结构。在这一阶段，边缘区的发展依然主要依赖交通条件的发展。而且，边缘区在一些交通节点的周围开始出现聚集的现象，这成为了边缘区空间演化的苗头。此外，由于南京的历史背景，且又不属于沿海工业区，工业实行有控制的发展，基本上没有国家重点项目布局定点，城市扩展缓慢，主要是依托原有城市的基础进行内部改建和扩建。但是因为"大跃进"带来的工业用地盲目扩张致使城市建设用地快速增加，城市边界在拓展中不断外延，外围大规模农田转化为新的城市边缘区，致使边缘区的新老转化速度加快。城市边缘区因为远离市区，所以空间开阔、土地成本低，但是吸引的多是一些占地大、污染大或生产用料大的企事业单位，如仓库、工厂、学校等。这时期南京边缘区内增长最多的用地就是道路交通用地和工业用地，正因此，这一时期也被学者崔功豪称为"半工业型边缘区发展阶段"。

如图2-33，空间布局上，南京的城市建设沿着几条从老城向外的主要道路拓展，跳跃式发展拉开了城市骨架，加速了外围新的城市边缘区的产生，新老城市边缘区的转化加速。同时，老城外围的边缘区开始加速演进。功能构成上，这些区域主要布置轻工业、农产品副食生产、风景名胜等。交通区位上，随着南京长江大桥的通车和中央门外南京火车站的建成，南京跨江联系、对外联系均逐渐加强，老城边缘区域的交通优势开始降低。最典型的就是在浦口地区发展起来后，老城西北方向的下关地区的交通枢纽地位大为下降。曾经下关地区作为老城西北城外的一个繁荣的工业区,目前已经迅速衰退,成为老城的边缘区域。

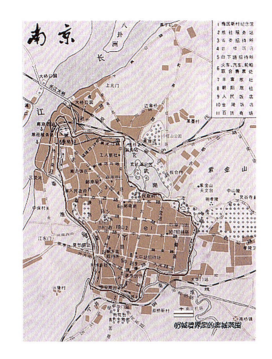

图 2-33　1980 年南京老城周边用地拓展情况示意图
(来源:南京市规划资料)

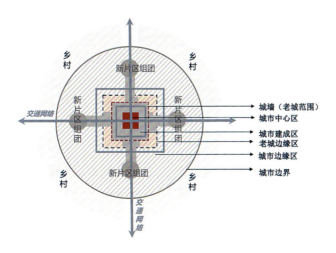

图 2-34　边缘区加速演进期的空间模型图示

如图 2-34,这一时期南京开始跨越城墙沿交通走廊轴向向外发展,新区组团不断拓展,新的城市边缘区继续增加,老的城市边缘区开始更迭。在这一过程中,城市最外围边缘区最先进行演替,和新滋生的城市边缘区连绵成片,而临近老城的内边缘区则慢慢被城市吞噬成城市中心区域。但是老的边缘区因为马赛克填充式发展模式而处于低密度蔓延状态,这进一步使之成为老城区和外围新城或组团之间的过渡地带。老的城市边缘区虽然在区位上逐渐由边缘地带向城市中心地带转变,但因为受中心区的负效应影响大于正效应影响,该区域发展程度参差不齐,整体发展水平远低于中心城区,成为老城边缘区。

2.3.4 阶段 4:边缘区发展滞缓期

改革开放后的前 10 年,即 1978 年至 1988 年之间,南京的整个发展过程受到经济因素、政策因素的影响较为强烈,城市继续拓展并开始重点推进外围组团片区的建设与完善。因为城市建设重心偏外,老城边缘区的更迭受阻。发展动力不足导致发展渐缓甚至停滞。"开发区热""工业园区热"使得工业活动向南京主城区以外地区蔓延的趋势逐渐明显。面对更加多元的经济发展,劳动力需求激增,大量外来人口涌入南京市区,"房地产热"也伴随而来,城市外围新区不断兴建大量的商品住宅楼盘,其建设强度不断增加。外围工业组团的发展直接导致南京空间结构的重心偏移。1988—1990 年,土地有偿使用,土地的使用权可以出让,并且国家开始限制一些大中型企业进入市区。所以,南京出现老城内的工业向市区外围迁移的现象。部分工业用地搬迁至外围的城市工业园区内,原址置换成居住或第三产业用地,但仍有部分工业聚集在老城外围一些地价便宜、品质较低的地区,即老城外围的边缘区,这进一步加大了老城边缘区的发展阻力。城市建设能力和速度有限,老城边缘区作为新城与老城之间的夹层地带发展较慢(图 2-35),滞后于老城中心。

如图 2-36,在这个时期,城市优先发展城市外围新区或组团中心,致使其发展迅速,开发强度、密度不断增加,空间引力不断加强。这一过程中,新的城市边缘区仍有产生,但速度放缓,新老边缘区的转化也有所减慢。因此老城边缘区规模变化不大,同时又非城市发展重心,所以该区域处于低速度、低密度的无序蔓延状态。老城边缘区的空间也因此更加无序、混乱,发展滞后。

图 2-35 1995 年南京老城周边建设用地拓展情况示意图
(来源:南京市规划资料)

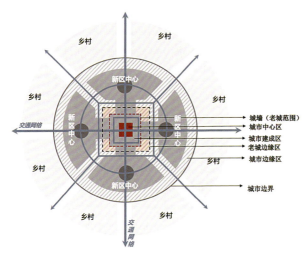

图 2-36 边缘区发展滞缓期的空间模型图示

2.3.5 阶段 5:边缘区转型消融期

进入 21 世纪后,南京的城市发展与规划开始随着大环境而转型。因为上一阶段城市的快速扩张,就业岗位和居住人口增加,城市病在这一阶段开始显现。长距离通勤需求较大、中心城区交通拥堵、用地混乱而低效等问题日益突出。此外,早期集中开发建设的大量住宅区因户型狭小、公共空间匮乏、基础设施差、交通不便利等问题已不能完全满足人们的生活需求。为了城市的健康发展,城市不得不转变发展模式,从增量规划转变为存量规划,城市微更新理念下的多种更新方式被提出并实施,如:老旧小区添绿、棚户区改造、工厂大院功能置换等。城市更新、紧凑城市、精明增长的理念开始深入到规划实践中。这一阶段城市规模增长速度渐缓,新的城市边缘区生长速度渐缓,相反,城市内部靠近老城的边缘区开始快速更迭。因为老城区不断向外围转移一些功能服务,老城边缘区的空间也开始面临再次开发和提升,涉及功能置换、环境提升、交通优化等等,老城边缘区与老城核心的联系越来越紧密,逐渐融入城市核心区,其边缘特征逐渐消减,老城边缘区也就逐渐减少。所以,老城边缘区顺应城市存量更新的趋势而进入了优化提升的消融阶段。

2008年至今,老城外围片区次级中心和副城继续崛起,多核心体系逐渐成型,如以东山副城为代表的近郊区次级中心,如以南部新城等为代表的综合组团,如大型项目开发或大事件(大型体育中心、商业、大型交通枢纽站的建设、地铁线路的完善等)刺激带动的河西奥体片区等,在功能、用地、交通、基础设施等方面逐渐完善,增强了老城外围区域对老城内部外溢功能的承接性。老城边缘区凭借临近南京主城的区位优势,成为这一阶段老城功能外延的主要输入区之一。产业转型、商品住宅开发促使该区域呈现明显的空间密度加大的填充特征(图2-37)。如上坊片区作为老城外围老旧小区的典型代表,品质低下、用地混乱、建筑质量较差,基础设施日趋老旧,亟待更新改造。截至2015年年底,该片区已顺利完成总计约117万 m^2 的旧城拆迁面积。这一时期的老城边缘区的居住、商办、文化类用地比例纷纷提升,城市的建设用地拓展微乎其微,主要是以功能置换为主的物质空间更新。

如图2-38,随着新型城镇化与转型的不断推进,南京边缘区的新老转化加快,尤其是老城边缘区面对存量更新的政策环境,进入到了消融阶段。这一时期城市结构逐渐完善,多中心协同化网络化的构建让老城边缘区进入"二次更迭期",是不同于阶段3的一种更新式转型。老城边缘区第3个阶段的更迭是城市边缘区的一种发展不充分的结果,是给空间的边缘性"做加法",而这第5个阶段则是以用地高效、品质提升、存量可持续为目标的重要转型,是对城市化转型的积极应对。所以这个阶段老城边缘区的更迭是空间更新、土地利用效率提升的结果,是给空间的边缘性"做减法",逐渐提升、优化并更迭为城市中心区。老城边缘区的消融是城市逐渐走向健康可持续发展的重要一步。

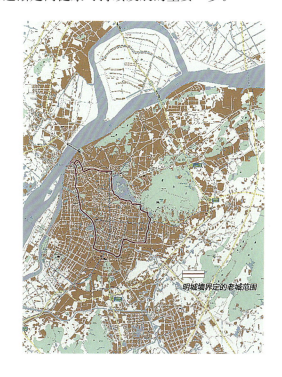

图2-37 2000年至今南京老城周边建设用地拓展情况示意
(来源:南京市规划资料)

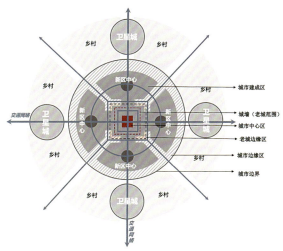

图2-38 边缘区转型消融期的空间模型图示

2 城市边缘区的空间更迭与演进

2.4 本章小结

城市发展过程,是一个从单一到复杂、无序到有序的过程。在近代城市发展进程中,不论是西方国家的城市还是中国的城市,都经历了一个从内到外的扩张过程。城市的扩张主要是受客观的人口因素影响。因为城市人口增加,人对于城市空间的需求就增加,既包括空间规模的需求,也包括交通出行的需求。城市的扩张过程必然伴随着城市交通网络的扩张,也就是各联系通道上人流、物流、信息流的扩张。在这个过程中,城市的交通网络和自然地形要素会共同作用于城市空间并塑造起城市的空间结构骨架。

本章以南京为案例城市进行研究,按照城市发展的特征时间节点,对南京城市自明朝建都以来至今的城市空间发展演进、交通出行演进分别进行梳理。研究发现南京空间结构演进经历了"城墙内部填充式发展—突破城墙限制沿交通走廊轴向发展—拓展外围片区跳跃式发展—以老城为核心圈层式连续发展—老城更新、多核心多组团协同发展"的过程,交通出行演进经历了"交通闭塞—公共交通建设起步—道路联系强化—汽车出行激增—立体网络多元化出行"的历程。总体来看,南京城市的地域结构演变可以概括为由单中心发展到多核心网络化结构的过程。伴随城市发展,南京城市边缘区的新老转化与空间演进大致经历了"尚未开发—零星建设—加速演进—发展滞缓—转型消融"五个阶段的状态变化。随着城市的发展和地域结构的演变,边缘区的功能定位经历了从城市郊区演变成城市核心的过程。边缘区在城市中的职能定位经历了从郊区林地到城市工业组团,再到承接老城功能疏解的综合生活服务组团的变化,用地转变经历了从农业到工业再到居住填充最后增加商业服务配套等的转变,土地利用结构从单一走向多元混合。在这一演进过程中,南京市最外围的边缘区总是最先进行演替,不断被更新、外溢、沿着道路蔓延,甚至形成区域节点和次级核心。新的城市边缘区不断产生,老的城市边缘区被城市建成区包围或吞噬成城市中心区,受中心区的正效应与负效应叠加影响,发展程度参差不齐,形成老城边缘区。这些区域从滋生到发展滞缓,再到消减,与城市的发展扩张密切相关。

表 2-5 南京市城市边缘区的新老转化历程总结

发展阶段	新生边缘区	老城边缘区	演进动力
阶段1	边缘区作为自然防御区,边界受城郭限制,规模基本无新增,城市边缘区即老城边缘区		政治因素
阶段2	新的边缘区不断产生,以城乡接合部形式存在	开始零星的建设	人口因素
阶段3	跳跃式发展拉开城市骨架,加速新的城市边缘区向外拓张	交通轴线沿线区域,开始进行内部马赛克填充式发展	经济因素 工业因素
阶段4	聚焦新城开发,城市规模增长放缓,新的边缘区增加缓慢	发展动力不足,处于城市中间地带的落后地区	经济因素 政治因素
阶段5	因内部更新、存量发展,不再增加新的建设用地,新的边缘区也不再产生	城市更新的重点区域之一,不断更新优化而逐渐消融,成为城市中心区	规划因素

(来源:作者自制)

表 2-5 总结了南京城市各发展阶段中,城市边缘区的新老转化的演进特征。从 1919 年至今,南京城市拓展速度经历了"先快、后慢、再缓"的速度,老城市边缘区的空间演进也经历"先慢、后快、再缓"的速度。城市边缘区的新老转化和空间演进受到政治因素、经济因素、人口因素等的多重影响,具有一定生命周期规律。改革开放以前的南京长期受到计划经济的约束,并且走了一些弯路,发展曲折。改革开放以后,南京市逐渐开放,空间联系、交通通道逐渐增加,城市建设也迎来了蓬勃发展期。党的十七大后,南京在"新型城镇化""科学发展观"等政策的实施和引导下,不得不面临新的挑战与调整。在南京不同的发展周期中,存在着起步、快速发展、稳定、衰退等规律现象的综合体现,或长或短,或曲折或稳步推进。在发展进程的这种快慢周期之间,城市经常会产生跳跃型的跨地域空间的扩张现象。南京作为典型案例,经历了从最初的单核心向跨江多核心的发展模式的转变。这一过程基本符合"填充—跳跃—填充"的空间发展规律。另外,南京城市边缘区的新老转化与空间演进是以新街口为稳定的城市中心、全方位扩展的城市发展为基础背景的,具有明显的交通导向特征。交通出行作为城市空间联系的直接驱动力,在城市空间结构的调整与演进过程中起到无可替代的重要作用。交通结构的形式、形态、建设速度等直接引导着城市空间,尤其是边缘空间演进的模式、方向、速度。

从城市的空间结构与交通出行的双向演进关系来看,交通方式助推城市边缘区规模的扩张，交通网络支撑老城边缘区空间的演变。城市边缘区的空间可达性随着交通系统的逐渐完善而提升，会进一步促进城市边缘区的空间演进。当边缘区开始发展演进，人口逐渐增加，农业用地逐渐转变为城市建设用地，反过来也会带动城市的继续发展与演进。南京城市边缘区的新老转化与空间演进，伴随着城市空间结构和城市交通出行同步演进，空间规模与交通网络功能决定城市的空间紧凑度。当城市空间拓展加快时，整体的空间紧凑度就会下降，这时候老城边缘区的空间演进就变慢。当城市空间拓展变慢并转为内部填充、更新改造发展时，整体的空间紧凑度随之上升，老城边缘区的空间演进速度也会加快。

3 老城边缘区的空间识别方法与技术

3.1 空间识别的理论基础

3.1.1 "核心—边缘"理论

"核心—边缘"理论也称为"中心—外围"(center-periphery theory)理论。它是随着多位学者的研究逐渐发展而成的一种区域发展理论。1949年联合国起草的一项经济报告中第一次使用了"核心—边缘"这一结构性概念。在当时的国际贸易体系中,西方资本主义国家与发展中国家处于地位相对的情形。所以,研究人员使用"核心—边缘"一词来概括这种地位悬殊的情况[56]。"核心—边缘"理论被系统地提出和完善主要归功于美国地理学家、经济学家弗里德曼(Friedman)。他在1966年出版的《区域发展政策》(*Regional Development Policy*)一书中系统地提出并阐释了该理论的内容[57]。

弗里德曼提出"核心—边缘"理论的目的,是为了阐明一个区域系统的发展规律和趋势。他认为区域之间开始是独立发展、互不联系的,发展到一定时期必然带来空间的极不平衡,然后再走向联系紧密、平衡的最终状态。该理论遂发展成熟并被用来解释空间结构演变模式。这为理解区域发展的空间差异提供了地理学思维框架[58]。弗里德曼认为每一个国家或区域都是由核心区和边缘区组成,但核心区与边缘区之间的关系并不平等。随着区域经济增长,核心区长期居于主导地位,边缘区则需要依赖于核心区[59],依赖于经济活跃、发展水平突出的中心城区或者是更大尺度的城市群。这些区域大多具有较强的创新能力与创新资源供给能力。弗里德曼将落后的边缘区分为靠近核心区的资源前沿区域和距离内边缘区相对较远的过渡区域。过渡区域进一步划分为上过渡区、下过渡区,也被其他学者称为内边缘区、外边缘区。上过渡区(内边缘区)受到核心区域的影响最大,首先承接核心区向外扩展的要素功能。下过渡区(外边缘区)内产业结构老化,缺乏与时俱进的生长机制而处于衰落或发展停滞的状态。

在空间结构研究方面,"核心—边缘"理论按照城市发展的四个阶段状态对空间结构演化阶段进行总结归纳,分别是低水平均衡发展阶段、极核发展阶段、扩散发展阶段、高水平平衡发展阶段。相较于理论中提出的理想的抽象结构,现实中的边缘核心体系可能会存在多种类型和结构。顾朝林在研究区域城市体系空间结构演化过程中也曾提出四个阶段。但综合来看,共同的发现是,在不同阶段对应的空间结构中,核心和边缘结构始终存在。只是在表现形式、联系强度、耦合机制等方面存在时空差异。第一阶段核心比较独立,是小区域中心;第二阶段形成典型"核心—边缘"结构;第三阶段次级核心生成,形成多级多核的"核心—边缘"结构;第四阶段区位升级,形成大区域的"核心—边缘"结构[60]。随着城市规划理论的发展,很多新的规划理论或结构模型仍是以"核心—边缘"空间结构模型为基础,如杜能的农业区位论、克里斯泰勒的中心地理论等。

在实践方面,"核心—边缘"理论应用广泛,包括城市和区域的经济体系、发展规划、旅游产业等方面。在近50年的应用和发展过程中,"核心—边缘"理论得到了不断的验证、补充和丰富[61]。"核心—边缘"理论不仅对宏观区域层面的空间结构体系具有很强的指导意义,也对研究和理解中观层面、城市尺度层面的空间结构具有指导意义。比如,对于城市边缘区的发展与研究来说,"核心—边缘"理论就十分重要。一座城市的核心区在全域内的中心地位与辐射力可以通过"核心—边缘"理论进行解释和衡量。在我国的大部分城市,城市的核心区必然聚集着主要的经济要素与生产技术[62-63]。城市的外围边缘区的人力、物力等资源受到核心区的辐射而向内流动。边缘区的发展离不开中心城区的要素扩展[64]。探索在不同尺度层面上,如何用"核心—边缘"理论去解构城市空间、指导城市空间优化具有十分重要的实践意义和理论意义。

3.1.2 突变理论

老城边缘区空间识别的理论基础是突变理论。它是在1972年由法国数学家勒内·托姆(René Thom)提出的,并由此奠定了突变理论的理论基础。托姆在撰写《结构稳定性和形态发生学》一书中提到,若要实现系统变化,就必须在连续性的和非连续性的两种模式中切换实现。托姆将系统内部状态的整体性突然变化,或跃升或骤降,称为突变。突变的典型特点是过程连续而结果不连续。后来学者 Mather 和 Malgrange 运用数学证明的方法详细阐释了该理论中的分类原理。学者 Zeeman 又对该理论体系进行了进一步完善。众多学者的后续研究不断丰富着突变理论的核心内容。正是这些不断深入的研究和时间慢慢奠定了突变理论的普及与影响力[65-66]。突变理论可用来研究自然界中各种形态、结构不连续的突然变化。该理论的核心分析方法和工具包括拓扑学、奇点理论和结构稳定性理论等。因此,突变理论经常被用来认识和预测复杂的系统行为。

突变理论研究的是从一种稳定状态变化到另一种稳定状态的不连续变化的现象和规律。"突变"强调的是变化过程的间断或突然转换。一般突变的产生,是在整个状态空间中某个因子发生了改变之后。可简单看作系统从一个稳定状态跃升至另一个稳定状态的过程[67],这大概是突变现象的最基本特征。突变的形式越复杂,那么它的突变特征就越多,这主要与系统的控制变量的变化密切相关。控制变量的变化方向直接影响突变的结果。当系统中出现了上述特征时,我们就可以选择基础突变模型进行解释或者分析。

突变理论被广泛应用于各种科学研究领域。因为突变理论关心的是当控制变量连续变化至某一临界区域时,系统状态变量所具有的不连续突跳的现象[68],所以该理论可以用来解释一些数据的不连续的"跳跃"现象。尤其在中国正处于城市化进程快速发展期和转型期,越来越多的实践在众多领域得到验证,包括气候、生态、交通等多种领域[69-72]。而随着研究的不断深入,更多领域的实践研究都离不开突变理论。城市空间、城市交通领域就是其中很重要的应用领域。突变理论作为一种城市各个系统的分析预测工具,逐渐被引入中国的城市规划中。比如依据各种指标在城市范围内的突变状态下进行城市空间结构的划定,其中突变理论在城市边缘区的空间划分的实践应用中逐渐丰富且成熟。1999 年学者章文波等成功地利用城市用地比率变化的突变区间提取出北京市城市边缘区的内外边界[73]。2012 年,学者赵华甫等选取系统状态的衡量指标,运用突变理论进行城市边缘区的范围划定,其中确定的土地利用动态度指标的高低值突变点即为划分城市边缘区内外边界的直接依据[74]。2016年,学者马晶等基于突变理论成功提取出武汉市土地利用程度综合指数的突变点,并以此确定武汉城市边缘区的内外边界[75]。2018年,学者熊念也成功地利用突变理论识别出武汉市的城市边缘区,与前者不同的是数据类型的选择[76],学者熊念选择的是通过城市夜景灯光数据进行范围识别,并选择景观紊乱度指标作为范围校核的依据。

已有研究中基于突变理论的边缘区识别方法在研究视角上各有不同,表3-1列举了不同研究视角下识别方法的对比。目前,已有的识别研究尚无从出行视角进行的。虽然从出行视角进行的识别需要出行数据和与之匹配的空间数据,但这些数据信息全面、操作便捷,同时关注到人群行为与空间的互动关系,可以弥补以往识别方法的一些不足。因此本书拟基于居民一日出行强度指标作为系统稳定性的衡量指标,按照一定的距离梯度,利用突变区间检验法对南京市老城边缘区进行划分,是具有理论依据以及实践案例支撑的。

表3-1 不同视角下基于突变理论的边缘区识别方法对比

时间	研究者	研究视角	研究数据	方法评价
1993年	顾朝林	人口	街道人口密度	数据获取方便,但精度较低,数据可挖掘的研究价值不高
1999年	章文波等	土地利用	遥感影像数据	精度高,但技术难度高,适用度不高
2012年	赵华甫等	土地利用	土地利用动态度指标	数据全面,但是指标选取方面的主观性较大
2016年	马晶等	土地利用	土地利用程度综合指数	数据未考虑到人群对空间的真实使用性
2018年	熊念	城市照明	城市夜景灯光数据	数据获取与处理的难度高

(来源:作者自制)

3.2 基于出行视角的老城边缘区空间识别方法

3.2.1 技术路线

老城边缘区的空间识别是本研究的核心和基础。通过剖析已有研究的共识和不足,本研究提出了一套从出行视角出发的基于突变理论的老城边缘区范围识别方法,具体技术路线如图3-1。首先基于居民出行调查数据,以交通小区为单元,选取出行强度作为指标,在ArcGIS平台上进行空间匹配和指标计算,得到居民出行强度空间分布图。然后以交通小区到中心区的直线距离为自变量,运用突变检测分析法,观察因变量出行强度在各个方向上的突变区间,完成老城边缘区范围的初步划定。在此之后,通过核密度分析和检测分析法处理POI数据,对老城边缘区的范围进行校核。将POI数据识别出来的范围与出行数据识别出来的范围进行比对,最终确定老城边缘区的有效范围和边界。

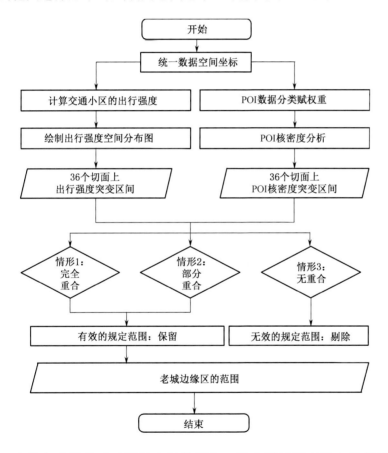

图3-1 基于出行视角老城边缘区空间识别技术路线
(来源:作者自绘)

这种方法是通过对居民出行数据和POI电子地图兴趣点数据进行空间强度的突变检测分析,从而划定老城边缘区的空间范围。该方法是基于时空行为可以反映城市空间结构的理论基础进行架构设计的。老城边缘区发展滞后,其空间布局和设施分布整体呈现出与其他区域

3 老城边缘区的空间识别方法与技术

不同的状态。这种空间资源等条件的差异，导致了这里的产业分布类型、商业规模等级、道路交通等基础设施布局与其他地区的差异。这些差异最终表现在人群出行的时空分布差异上，进一步可以细化为人群出行量、出行模式、出行目的的不同。功能越集中、开发和配套越完善的区域吸引的出行量越高，这些地区往往是城市的中心区域，可能是核心区，也可能是正在发展的次级中心。相反，发展越不成熟、开发越低效的区域吸引的出行量越低。这些地区就是城市中暂时被忽视的边缘区域。因此，本研究选择出行强度作为突变检测观察的因变量，可以通过出行强度的空间集聚和距离衰减的突变值对城市中心和老城边缘区进行识别。

本研究提出的出行视角下的识别方法主要分为五个步骤：(1)数据准备，主要是数据采集和数据清理；(2)空间匹配，主要是指多元数据的空间坐标匹配；(3)计算出行强度，按照调查范围和结果在 ArcGIS 平台上进行范围内的交通小区出行强度指标计算；(4)判断突变区间并初定空间范围；(5)范围校核与确定。每一步的具体操作如下。

3.2.2 第一步：数据准备

研究所需的数据包括研究范围内的城市居民一日出行调查数据、城市空间测绘电子地图数据、城市 POI 电子地图兴趣点数据。

1) 城市居民一日出行调查数据

调研问卷的内容设计需要包括居民的一日出行信息和一般社会属性信息。出行信息具体应包括出发地、目的地、出行时间、出行工具、出行目的、出行时耗等。一般社会属性信息包括年龄、性别、学历、职业、有无代步工具、有无驾照等。出行的 OD(交通出行量)信息用于空间识别，其他信息将作为空间检验和特征分析的辅助数据。居民出行调查数据可以再现居民出行的复杂状况，在空间层面把握人群的出行分布和出行习惯。

2) 城市空间测绘地图数据

可以从当地城市规划管理部门获取涵盖研究范围的城市空间测绘地图数据。数据宜为 CAD 数据或者 ArcGIS 数据，数据精度为 1 000 m。数据应包括研究范围的主干道路、次干道路、支路、河流、水域、山体、大型开敞绿地(面积在 10 万 m^2 以上)等信息，以便满足研究所需。

3）城市 POI 电子地图兴趣点数据

通过编写程序代码在开源网络平台进行爬取以获得所需时间的城市 POI 范围。按照获取范围必须大于等于研究范围为原则，进行数据的爬取。将爬取得到的初始数据整理为 Excel 文件格式，根据所需信息进行内容的整理。保留与研究相关的信息列表：名称、类型、横坐标、纵坐标、地址。POI 数据是具有空间坐标和属性的离散点。各种 POI 空间分布的集聚特征间接反映了城市空间中各种公共服务设施的分布特征。POI 核密度的空间分布差异可以反映各个区域的不同发展水平。POI 数据作为大数据的一种，其可视化可以全面地展现城市各类设施和各类用地的空间布局特征，可以间接表征城市的空间结构。

以上就是这种识别方法所需的全部数据，这些数据在进行实例操作前有还需要进行数据清理。需要对获取到的数据进行筛查，剔除信息不全、信息错误、与研究无关的数据(如表 3-2)。

表 3-2 所需数据与要求汇总表

	数据类型	数据格式	数据要求	数据采集渠道	数据清理
1	城市居民一日出行调查数据	Excel	包括居民的一日出行信息和一般社会属性信息	问卷调查	剔除信息缺失的无效数据
2	城市空间测绘地图数据	AutoCAD	精度在 2 000 m，包含城市基本路网和自然要素数据	当地的城市规划管理部门	保留范围内的数据信息
3	城市 POI 电子地图兴趣点数据	Excel	全类别，共 13 类	通过编写程序代码在开源网络平台进行爬取获取	进行数据的抽样检测，与卫星地图进行校核

(来源：作者自制)

3.2.3 第二步：数据空间匹配

数据空间匹配是指将获取到的所有数据导入 ArcGIS 平台中并统一坐标。这一步需要对各类数据分别进行处理。主要是将调查所得的居民出行有效数据、POI 数据与空间测绘数据的坐标保持一致。(1)对于出行调查数据需要进行空间匹配。每条出行数据都包含出行目的地信息，也就是目的地所在交通小区的编号。需要在 ArcGIS 平台中以空间测绘地图为底图，把划分的交通小区绘制出来，并给每个交通小区面添加编号字段。然后按照目的地交通小区编号的字段对出行数据和交通小区数据进行空间匹配即可。(2)对于 POI 数据,需要进行空间坐标系的转换与纠偏。也就是利用工具将 POI 数据的火星坐标转换为空间测绘数据的 WGS-1984 地理坐标系即可。

3.2.4　第三步:计算出行强度

依据研究范围内的居民出行调查结果,能够得到各个交通小区的汇总出行量。但是由于划分的各个交通小区面积并不完全相同,直接用出行量的多少并不能公平地反映各个交通小区的出行吸引力高低。因此通过统计各个交通小区边界所围合的区域的面积,用该小区的交通量比其面积,计算单位面积上的平均交通出行量,即得到交通出行强度这一指标[如式(3-1)]。这样可以公平地对比各个交通小区能够吸引出行行为的能力高低。在本次研究中,出行强度被定义为每一个交通小区在调查当日的单位面积内吸引的出行量,即该交通小区的出行量与其面积之比。

$$T_i = \frac{t_v}{t_a} \tag{3-1}$$

其中 T_i、t_v 和 t_a 分别是出行强度、交通量和交通小区面积。其中各交通小区吸引的交通量 t_v 即到达地为该交通小区的出行数据量。通过 AutoCAD 软件计算各个交通小区边界所围合的封闭区域的面积,得到各交通小区的面积 t_a。再根据公式(3-1)计算得出每个交通小区的出行强度。

3.2.5　第四步:判断突变区间

基于突变理论,研究把突变检测方法引入出行强度分布度图的分析。突变理论研究关注的是系统状态变量在其控制变量连续变化时的跳跃现象,即在距离老城核心的距离 D_i 连续变化时,出行强度 T_i 不连续的跳跃现象。所以具体的突变区间判断和范围初定步骤可以细化为提取出行强度变化序列、提取突变点和突变区间、划定老城边缘区范围。

首先,提取出行强度变化序列。以老城核心为中心,向周围分散画出 36 条断面线,平均 10°1 条切线,提取 36 个方向上的出行强度的变化情况。具体做法是选择某一方向,每 1 000 m 做 1 条该方向线的垂线,统计该垂点所在的交通小区的出行强度。将获取到的数据序列按照与中心的距离排序,然后用折线图的形式,展现不同方向上的强度变化规律。

其次,提取突变点和突变区间。基于交通网络视角,将每一个交通小区视为一个具有影响力、吸引力的区域,每个交通小区因为各自综合情况的差异,而表现出吸引出行量的差异。因为中心城市对其下级地区的影响随着距离的增加而减小,并最终被附近其他城市或区域的影响所取代。所以从理论上讲,从城市的老城核心区到其影响区范围内有两个突变点,一个是边缘区内界的突变点,另一个是外界的突变点。在某个方向上,第 i 个出行强度特征值表示为 T_i,该方向上下一个出行特征值为 $T_{(i+1)}$,两者差值为 $\Delta T=|T_i|$,则该区间对应的强度变化率,如式(3-2):

$$V_i = \frac{\Delta T}{\Delta D} = \frac{\Delta |T_{(i+1)} - T_i|}{(D_{(i+1)} - D_i)} \tag{3-2}$$

本研究中 ΔD 为划定序列的等距间隔 500 m。因为如果 ΔD 较小,会使密度分布结果中出现较多的高值或低值区域,这对交通小区的划分精度要求更细,适合于揭示密度分布的局部特征;而如果 ΔD 较大,则更适合更大范围的区域尺度下的研究。因为本次研究关注中观层面上老城及其周边的空间结构,因此通过测算比选,最终选择了 500 m 的街区尺度做距离递增值进行计算。然后计算 36 个方向上的出行强度变化率并比较,求取各个方向上的突变区间,即 V_i 最大值所对应的区间。

最后,划定老城边缘区范围。按照第二步划定的突变区间,画出突变区域,将与该区域发生重合关系的交通小区作为老城边缘区覆盖的交通区域。沿着轮廓勾勒出内外边界,初步得到老城边缘区的范围。

3.2.6　第五步:范围校核与确定

将 POI 数据清理后导入 ArcGIS 平台中,与空间矢量地图进行匹配,并进行加权核密度分析,得到 POI 点的核密度变化平面图。核密度估计法是以某一要素或数据点为中心,在对应的带宽半径内对要素的密度进行分析的方法。该方法首先在指定的搜索半径内通过距离衰减形成连续不断的空间密度曲线;其次,对不同密度曲面进行空间叠加得到核密度值;最后,获得该要素在整体空间上的分布密度[如式(3-3)]。

$$f(x) = \frac{1}{n}\sum_{i=1}^{n}\frac{1}{r}K\left(\frac{x-x_i}{r}\right) \quad (3-3)$$

式中,$f(x)$为空间中任意一点x的核密度值;r为搜索半径;$x-x_i$为点x_i与中心点x之间的距离;n为距离空间中任意一点x(距离$\leqslant r$)的要求点数;K为空间权重函数。本方法参考对POI数据进行分类并进行权重赋值。本次研究中权重赋值采用的是普遍被采纳的学者赵卫锋在《利用城市POI数据提取分层地标》一文中的赋值方法[77],如表3-3。

表3-3 POI数据分类权重

分类	公共服务	旅游景点	公司企业	购物服务	交通设施	金融保险	科学教育	租赁公寓	商业服务	体育休闲	医疗保健	政府或社团	住宿服务
权重	0.642 3	0.824 5	0.305 7	0.814 6	1	0.305 7	0.670 6	0.01	0.556 2	0.501	0.506 9	0.355	0.556 2

(来源:作者自绘)

核密度值的带宽选择对核密度估计的结果会产生较大的影响,过小或过大的带宽均会掩盖数据大部分的基础结构。考虑本研究的范围大小,参考已有研究中对于带宽的选择,本次研究将核密度带宽定位为500 m。然后以老城核心位置为中心,向周围均匀地分散画出36条断面线,平均10°1条切线,提取36个方向上的POI核密度分析结果的变化情况。同样,分别计算并绘制这36个方向的核密度衰减折线图。根据折线的曲率变化找到POI数据在东、南、西、北4个方向的突变区间,然后将其与3.2.5节中初步划定的老城边缘区范围进行比对。若为两者范围重合或部分重合,即划定的范围有效,予以保留并合并所有有效区域;若两者为分离关系,则划定的范围无效,予以剔除(如图3-2)。

图3-2中,情形1和情形2表示POI在某个方向上的突变点均在初步划定的老城边缘区范围内,表明在该方向上识别的边缘区交通小区结果准确;情形3表示POI在某个方向上的突变点均在初步划定的老城边缘区范围外,表明在该方向上识别的边缘区交通小区结果存在较大误差,可以予以剔除。

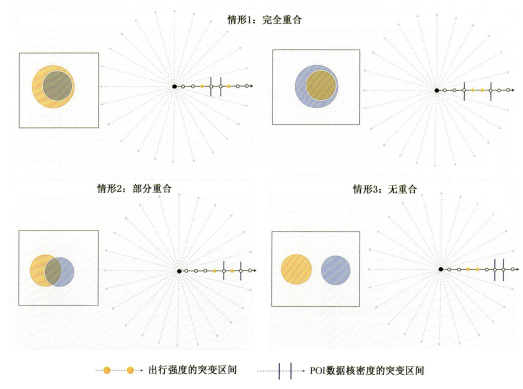

图 3-2 范围校核原则示意图
(来源:作者自绘)

3.3 南京市 2010 年和 2015 年老城边缘区的空间识别

3.3.1 数据准备

为了反映过去几年居民出行方式的变化,研究选择的是 2010 年和 2015 年的居民出行调查数据。数据样本涵盖四个方面:家庭基本特征调查、居民个人特征调查、城市交通意见建议、居民出行调查记录。该研究旨在准确客观地反映空间之间的关系、老城边缘区的变化和居民出行行为的变化。与 2010 年相比,2015 年选择步行和骑自行车出行方式的人群的比例显著下降。相比之下,选择公交车和小汽车出行方式的人群的比例有所增加。城市交通出行正朝着高机动性发展。

本研究从百度地图官方网站提供的应用程序编程接口（API）爬取了研究范围内 2010 年 5 月和 2015 年 8 月的南京市 POI 原始数据。对数据进行清洗、坐标系转换和空间配准后，成功获得了 2010 年的 228 278 个 POI 数据和 2015 年的 289 134 个 POI 数据（如表 3-4）。获取到的 POI 有效数据包含每个 POI 兴趣点的名称、性质、地理坐标、道路等信息。就空间分布而言，本研究中使用的 POI 数据涵盖了南京主城区当时的 8 个行政区，基本涵盖了研究范围内的城市各类设施与建筑分布，而且与住户调查所涵盖的范围相同。POI 数据作为大数据的一种，其可视化特征可以全面地展现城市各类设施和各类用地的空间布局特征，可以间接表征城市的空间结构。

表 3-4 2010 年和 2015 年的百度 POI 数据统计

分类	2010 年		2015 年	
	数量	占比/%	数量	占比/%
公共服务	49 148	21.50%	49 149	17.00%
旅游景点	11	0.01	11	0.00
公司企业	44 116	19.33	44 115	15.26
购物服务	9 999	4.38	72 448	25.06
交通设施	23 612	10.35	23 612	8.17
金融保险	6 541	2.86	6 541	2.26
科学教育	15 111	6.63	15 110	5.23
租赁公寓	10 231	4.18	10 229	3.54
商业服务	49 570	21.71	46 982	16.25
体育休闲	48	0.04	48	0.02
医疗保健	5 728	2.51	5 728	1.98
政府或社会团体	9 286	4.07	9 286	3.21
住宿服务	4 877	2.14	5 875	2.03
合计	228 278	100	289 134	100

为了准确地确定老城边缘区的范围并比较该边缘区在 2 个年份（2010 年和 2015 年）中的变化，我们对这 2 个年份南京的 POI 数据进行筛选、分类。本研究参考已有研究习惯共分为 13 种不同的类型（餐饮服

务、公司企业、体育休闲、医疗保健、购物服务、交通设施、金融保险、科教文化、商业住宅、生活服务、政府社团、风景名胜、住宿服务），基本涵盖了研究范围内的城市各类设施与建筑。这种分类是为了方便后续范围校核章节的核密度分析与分类权重赋值。表3-4描述了每个类别的POI数据的数量及其在总数据中所占的比例。其中，商业服务类相关POI数据占总的POI数据的近一半，其次是交通设施、科学教育。进行POI核密度分析以显示各种数据点的聚类程度，这样，可以发现市区内各种设施的分布和空间结构。

获取POI数据的过程包括以下4个步骤：①确定南京行政区划的位置；整个南京城区被划分为几个单元网格，标记每个网格的地理位置。②登录百度Web服务的API，并输入位置检索服务（地点API），然后选择矩形区域检索工具以导入单个网格的地理位置信息。③编写Python代码以获得每个单元网格中的POI数据。④通过地理标定和数据汇总来整合南京的所有POI数据。

3.3.2 识别过程

1) 数据的空间匹配

先进行出行调查数据和空间测绘数据的匹配。主要是将划分的交通小区落入空间地图中，然后将出行调查数据按照目的地标号分别落入对应编号的交通小区内。这一步是在ArcGIS平台中通过空间关联工具操作完成的。如图3-3为2010年和2015年的进行出行调查时划分的交通小区图示。每一个交通小区的属性表里包含了到达这个小区的所有出行数据。然后将POI数据和空间测绘数据进行匹配。POI数据坐标系为火星坐标，为方便后续的分析，本研究将所有POI数据的坐标纠偏为WGS-1984地理坐标系，2010年和2015年的POI数据投影在地图上如图3-4所示。

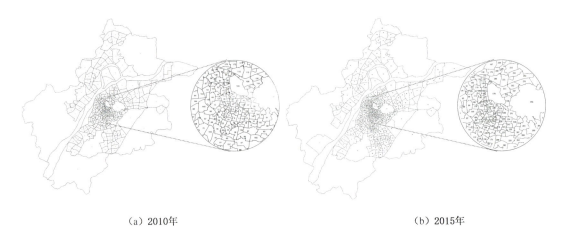

(a) 2010年　　　　　　　　　　　　　(b) 2015年

图 3-3　2010 年、2015 年研究范围内进行出行调查时划分的交通小区图示

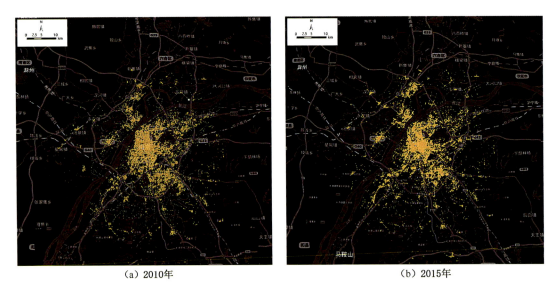

(a) 2010年　　　　　　　　　　　　　(b) 2015年

图 3-4　2010 年、2015 年研究范围内 POI 数据空间投影图示

2）计算出行强度

根据 3.2.3 节中的公式(3-1)计算每个交通小区在 2010 年和 2015 年的出行强度。最终结果也在 ArcGIS 平台中进行了可视化的表达，如图 3-5 可以直观地看到 2010 年和 2015 年出行强度的空间分布情况。

图 3-5 中,交通小区的颜色越深就代表出行强度越大,颜色越浅则出行强度越弱。而且,因为图 3-5(a)与图 3-5(b)是采用同样的强度区间分段,因此也可以通过颜色的深浅直接进行对比分析。从图 3-5 中可以看出,这 2 个年份的总体出行强度分布的差异主要还是集中在中心城区,也就是老城内部和距离老城不远的周边区域。

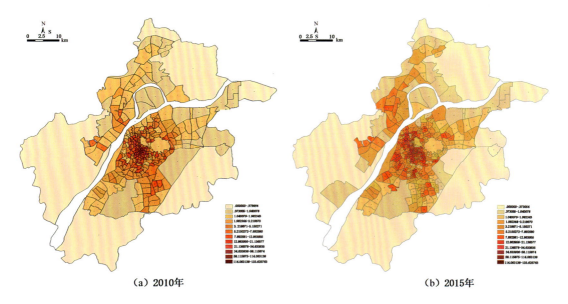

图 3-5　2010 年、2015 年出行强度空间分布图示

2010 年的出行强度分布呈现明显的"强中心＋多个小中心"的结构。老城内部呈现典型的由中心(新街口区域)向外围逐渐衰减的趋势,浦口区、江宁区、建邺区的中心开始崛起,雨花台区、栖霞区、六合区的中心尚未形成,紧邻着老城的外围有一个圈层区域,该区域的颜色明显低于两侧。相比之下,2015 年的出行强度分布与 2010 年有所不同。2015 年老城内的出行强度比 2010 年的均匀,老城虽然还是整个城市出行分布的强中心区域,但是位于老城外围的出行突变带已经没有明显的圈层带状,部分区域有与其他片区中心连为一体的态势。此外,六合区、浦口区、雨花台的片区中心出行吸引力有所增强。

3）判断突变区间

南京市新街口进入 21 世纪以来，已经发展成为南京市的商业核心。而且新街口作为 2 条地铁线的换乘站，目前也是南京市规模最大、每日接待客流量最大的站点。因此选择南京市新街口区域作为本次研究的老城中心。具体如图 3-6，以中山路与汉中路的道路中心线交叉口为研究中心 O 点，从 O 点均匀地放射出 36 条射线（即每个扇区为 10°）。然后，在每个方向上，每 500 m 统计一次出行强度，并以平滑曲线绘制出了 36 个方向的出行强度变化曲线。

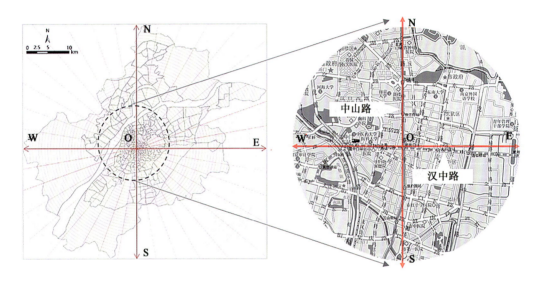

图 3-6　36 个方向划定示意图

这里以正东 0°(OE)、正北 90°(ON)、正西 180°(OW)、正南 270°(OS)4 个方向为例进行详细说明。如图 3-7 展示的 4 个折线图是 2010 年出行强度分别在正东 0°(OE)、正北 90°(ON)、正西 180°(OW)、正南 270°(OS)4 个方向上的统计结果。然后按照 3.2.5 节中的公式(3-2)进行出行强度变化率的计算，找出强度变化率 V_i 最大值对应的距离区间，并记为该方向上出行强度的突变区间。这些突变区间所覆盖的交通小区连在一起，即为初定的老城边缘区范围。

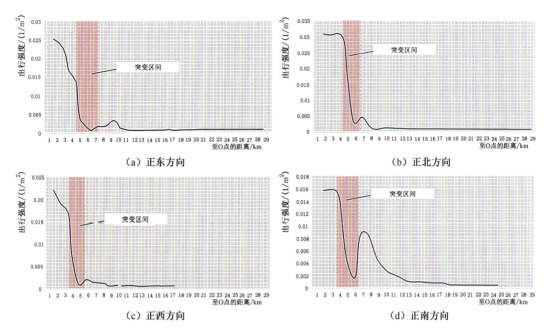

图 3-7　出行强度在不同方向上的变化和突变区间判断举例

4）范围校核

将清理干净的 2010 年和 2015 年南京主城区的 POI 数据导入 Arc-GIS 平台中，并运用核密度分析工具进行分析。在运用核密度分析工具的时候，需要对每个点要素进行 population 字段的数据赋值。本次研究赋值采用的是普遍被采纳的学者赵卫锋在《利用城市 POI 数据提取分层地标》一文中的赋值方法。即基于 POI 数据的公众认知、空间分布、个体特征三个特性进行权重赋值的方法，对每类 POI 设施进行权重赋值[77]，最终分别得到 2010 年、2015 年南京市 POI 核密度值空间分布示意图，如图 3-8。

POI 空间核密度分析的结果呈现与出行强度空间分布有些类似，都显示南京在 2010 年是老城中心区为单一的、强中心的城市空间结构，并显现由中心向外围递减的空间集聚现象，这与城市土地价值规律基本一致。在老城的外围区域内（如：南部新城、江宁副城、浦口、栖霞、河西等处），多处已初步显现类似城市次级中心的空间集聚趋势。图 3-8 中颜色偏红的区域表示空间设施完善、功能集聚强，是城市发展的核心区域，颜色偏蓝的区域表示空间集聚弱、各类设施密度低。2015 年的空间结构与 2010 年相似。不同的是，2015 年靠近老城的两个片区，即河西副中心、东山副中心的空间集聚明显增强，同时其他几个片区中心的空间集聚也有所增强。这些变化在一定程度上向外疏解了一部分老城的交通压力。2015 年老城的核密度圈层带较 2010 年有所扩张，向周围几个次中心的延伸态势已显现。

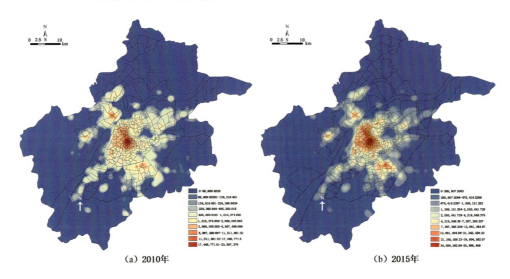

图 3-8　2010 年、2015 年 POI 核密度分析结果示意图

按照 3.2.6 节中的方法，绘制出 2 个年份南京市在 36 个方向上的 POI 核密度变化折线图，比较后判断出突变区间。仍以 2010 年 POI 核密度分析结果分别在正南（OS）、正北（ON）、正东（OE）、正西（OW）4 个方向上的判断为例进行说明，如图 3-9 所示。

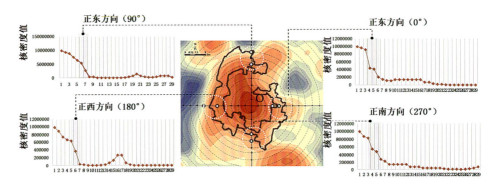

图 3-9　POI 核密度在不同方向上的变化即突变区间判断举例

接着,进行出行强度和POI核密度的突变区间重叠检测。表3-5为2010年和2015年的出行强度突变区间与POI核密度突变区间的检测结果,每个年份下最右一栏为范围的校核结果。最后依据3.2.6节中的校核原则,保留根据出行强度划定的有效突变区间,将36个方向上的突变区间中对应的交通小区连起来,即为当年的南京老城边缘区空间范围。

表 3-5　36 个方向上突变区间校核表

方向/°	2010 年					2015 年				
	出行强度突变区间/km		POI核密度值突变区间/km		是否有重叠	出行强度突变区间/km		POI核密度值突变区间/km		是否有重叠
	突变点1	突变点2	突变点1	突变点2		突变点1	突变点2	突变点1	突变点2	
0	3	6	3	4	√	4	4.5	4	5	√
10	1.3	4	2.5	3.5	√	3	4.5	3	5.5	√
20	3.5	4	2.5	3.5	√	3	4	3.5	4	√
30	3	4	3	4	√	3	3.5	2	4	√
40	3	3.5	3	3.5	√	—	—	—	—	×
50	1.5	3	1.5	3	√	2	3	2	2.5	√
60	2	2.5	2.5	3	×	2	2.5	2	3.5	√
70	2.5	3	2.5	3.5	√	1.5	2.5	1.5	2	√
80	2.5	3	2.5	3.5	√	1.5	2	1.5	3	√
90	5	6.5	6	7.5	√	3	4	2	4	√
100	4.5	6	5.5	7	√	3.5	5	3.5	4.5	√
110	5	6.5	6	7.5	√	6	8.5	5.5	8.5	√
120	5.5	6	5.5	7.5	√	5.5	8	5.5	6.5	√
130	5	6.5	6	7.5	√	5.5	6.5	5	6.5	√
140	4.5	5.5	5	7.5	√	—	—	—	—	×
150	3.5	5.5	4	7	√	—	—	—	—	×
160	3.5	4.5	4	5.5	√	3	4.5	3.5	4.5	√
170	4	5.5	5	6	√	3	4	3	4.5	√
180	4	6	4.5	6.5	√	3	4	3	4.5	√

续表

方向/°	2010年					2015年				
	出行强度突变区间/km		POI核密度值突变区间/km		是否有重叠	出行强度突变区间/km		POI核密度值突变区间/km		是否有重叠
	突变点1	突变点2	突变点1	突变点2		突变点1	突变点2	突变点1	突变点2	
190	4	6	5	5.5	√	2.5	4	2	4	√
200	3.5	6	4	6	√	3	5	3	4.5	√
210	2	5	3.5	4.5	√	3	4.5	3	5	√
220	2	5.5	2	5	√	2	4.5	2.5	4.5	√
230	2	3	2	4.5	√	2.5	5	2.5	4.5	√
240	2.5	3.5	2	3.5	√	3	4	3	5	√
250	3	4	3	3.5	√	3.5	4	3	5	√
260	3	4.5	3	4	√	3.5	4	3	4	√
270	3	4	3.5	4	√	3	4	4.5	5.5	×
280	3.5	5	4	6	√	3.5	5	4	5	√
290	3	6	3.5	6	√	3.5	5	4	5	√
300	2.5	5	3	5	√	4	5	3	5.5	√
310	2.5	5	2.5	4.5	√	3.5	5.5	4	6	√
320	3.5	5	3	5	√	—	—	—	—	×
330	3	3.5	3.5	4	×	5	6.5	4.5	6	√
340	3	5.5	3.5	5	√	4	5	5	6	×
350	3	4.5	2.5	4.5	√	4.5	5	4	5.5	√

3.3.3 识别结果

依据 3.3.2 节中的识别步骤,最终得到 2010 年和 2015 年南京市老城边缘区的有效范围,如图 3-10。图中深色区域即为老城边缘区的范围。老城边缘区的边界与交通小区划分形态密切相关。结果显示,2010 年和 2015 年南京老城边缘区的规模大小分别为 47.54 km²、24.97 km²。

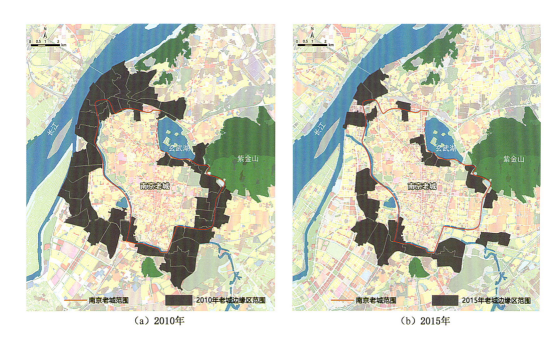

图 3-10　2010 年、2015 年南京市老城边缘区空间识别结果

3.4　本章小结

本章基于"核心—边缘"理论和突变理论，提出了一种新的基于出行视角的老城边缘区空间识别方法。与已有识别方法不同的是，这种识别方法使用的是居民一日出行调查数据，是基于居民一日出行强度指标数据的梯度变化情况，利用梯度检验突变区间法对南京市老城边缘区进行划分。该方法是以突变理论为基础，用出行调查数据进行识别，用地图兴趣点 POI 数据进行校核。该方法包含数据准备、数据空间匹配、计算出行强度、判断突变区间、范围校核与确定五个主要步骤。然后以南京老城为例，利用 2010 年和 2015 年的南京市住户出行调查数据、城市 POI 电子地图兴趣点数据、空间测绘地图数据，成功识别出了南京在 2010 年、2015 年 2 个年份的老城边缘区范围。为南京老城边缘区范围的成功识别提供了可行的研究方法，为后续对老城边缘区的空间更迭及其与交通的关联性分析提供了研究基础。

4 转型期南京老城边缘区空间更迭动态特征研究

4.1 空间演变总体特征

4.1.1 空间分布动态分析

以老城中心为 O 点,按照 22.5°、67.5°、112.5°、157.5°、202.5°、247.5°、292.5°、337.5°共 8 方向划分出正东 OE、东北 NE、正北 ON、西北 NW、正西 OW、西南 SW、正南 OS、东南 SE 8 个扇面(如图 4-1,图 4-2),然后统计老城边缘区在这 8 个扇面区域的面积大小,绘制出 2010 年、2015 年 2 个年份南京老城边缘区空间方位分布的面积和比例示意图(如图 4-3)。

图 4-1 扇面划分示意图

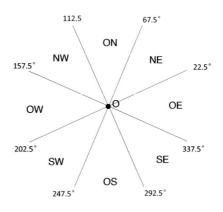

从各个扇面方位分布的面积大小来看[如图 4-3(a)],2010 年的老城边缘区主要分布在老城的正北、西北方位,分别为 10 km²、8.76 km²,其次是正西、西南、东南方位,东北方位分布的面积最少,仅为 2.23 km²。

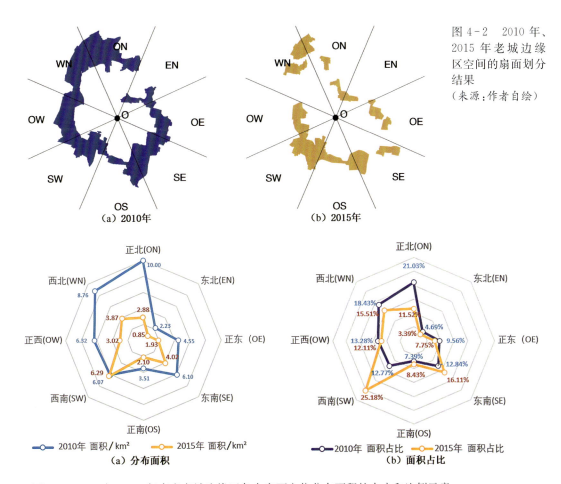

图4-2 2010年、2015年老城边缘区空间的扇面划分结果
(来源:作者自绘)

图4-3 2010年、2015年南京老城边缘区各个扇面方位分布面积的大小和比例示意

2015年的老城边缘区在老城西南方位分布的面积最多,为6.29 km²,其次是正西、西北、东南方位,东北方位分布的面积最少,仅为0.85 km²。从2010年到2015年的横向对比来看,老城边缘区除了在西南方位分布的面积略增加,在其他所有方位分布的规模均有所减小。但是,2个年份老城边缘区均是在东北方位分布的面积最少,这主要是因为老城东北方位受到"钟山—玄武湖"自然要素组成的屏障限制较大,空间有限,边缘区拓展受阻较大。

从各个扇面方位分布的面积占比来看[如图4-3(b)],2010年和2015年的较大差异显示出老城在空间分布层面演化的趋势。其中东北、正东、正南、正西4个方位的面积占比变化不大,西南方位和正北方位老城边缘区分布的面积占比变化较大。与 2010 年相比,2015 年正北方位的老城边缘区面积占比减小了约 50%,这主要是因为北部边缘区因迈皋桥片区的快速发展而发生较多更迭。相反地,虽然西南方位的老城边缘区面积变化不大,但是 2015 年西南方位的面积占比相较于 2010 年老城边缘区在该方向上的面积占比增加了约一倍,所以在整体为缩减的趋势下,西南方位分布面积的稳定使其成为了占比最大的方位。

表 4-1 2010 及 2015 年南京老城边缘区各方位分布面积及占比统计表

扇面方位	2010 年		2015 年	
	面积/km²	占比/%	面积/km²	占比/%
正北(ON)	10.00	21.03%	2.88	11.52%
东北(EN)	2.23	4.69%	0.85	3.39%
正东(OE)	4.55	9.56%	1.93	7.75%
东南(SE)	6.10	12.84%	4.02	16.11%
正南(OS)	3.51	7.39%	2.10	8.43%
西南(SW)	6.07	12.77%	6.29	25.18%
正西(OW)	6.32	13.28%	3.02	12.11%
西北(WN)	8.76	18.43%	3.87	15.51%

为了更加准确地研究老城边缘区分布的变化趋势,研究采用不均衡性指数 B 对老城边缘区空间分布的演变特征进行直接的计算和直观的对比。B 越小表示当年老城边缘区的空间分布越均衡,B 越大则表示当年老城边缘区的空间分布均衡性越低。不均衡性指数是通过计算老城边缘区在以老城核心为原点的多个空间象限分布的面积和方差所得,公式如下:

$$B = S^2 = \frac{(x_1-M)^2+(x_2-M)^2+(x_3-M)^2+\cdots+(x_n-M)^2}{n}$$

(4-1)

公式(4-1)中,x 为各个象限分布的面积;M 为各个象限分布面积的平均数;S^2 为方差;n 为象限的个数,n 越大,测算的精度越高。

经计算,2010 年老城边缘区空间分布的不均衡性指数 B_{2010} 为 5.774 8,2015 年老城边缘区空间分布的不均衡性指数 B_{2015} 为 11.110 8。结果显示,2 个年份的老城分布的均衡性均不高,而且老城边缘区的均衡性呈现下降趋势。导致空间分布的方位不均衡主要有两方面原因:(1)受到客观方面城市空间地形要素的限制,老城北部紧邻玄武湖、紫金山,老城边缘区可以拓展的范围有限;(2)主观方面城市发展规划的导向,比如老城南部边缘区的面积始终小于老城西部边缘区的面积,这与南部新城的发展定位分不开。南京南部新城因为南京南站、东山副城的相继建设,其副中心地位和影响力逐渐增强。其与中心城区的距离和其发展程度直接决定了南京老城的边缘区南部分布面积的大小,未来随着南部新城的崛起和老城的更新,南部边缘区面积可能会继续缩减。此外,2015 年的不均衡性指数较 2010 年增加近一倍。2010 年至 2015 年之间,南京老城边缘区陆续进行着功能和空间的更迭,不同扇面方位内的老城边缘区更迭差异性较大,这也直接导致 2015 年老城边缘区空间分布更加不均衡。

4.1.2 边界形态动态分析

如图 4-4,南京老城边缘区和老城存在相接、分离、相交等多种空间关系,但受历史因素影响明显,轮廓形态近似南京老城范围边界的"凹"字。2010 年,与老城相分离的老城边缘区主要位于北部和西南方位。北部的分离区域为玄武湖,西南方位的分离区域主要为莫愁湖外围的河西区域。其他方位的老城边缘区位于老城外围,且以相接为主。2015 年,

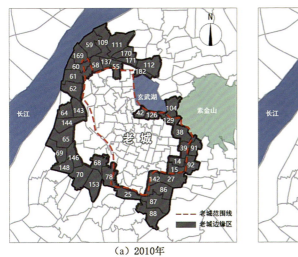
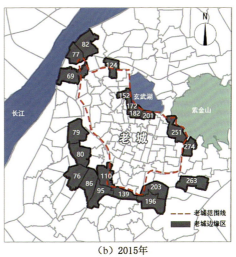

(a) 2010年　　　　　　　　(b) 2015年

图 4-4　2010 年、2015 年南京老城边缘区空间分布与老城范围的关系示意

与老城相分离的老城边缘区主要位于东部、西南、西北方位,其他方位是以相接为主。这与边缘区的空间演化关系密切。比如西南方位的分离距离较2010年的开始缩短,这与该方位上的老城边缘区的功能和交通的更迭带来的性质的转化有关,具体表现为部分边缘区开始转型更新,边缘性也逐渐降低直至不再是边缘区。

通过对比发现,2个年份的空间识别结果均显示南京老城边缘区与南京老城存在较为紧密的空间关系。整体轮廓呈现出"不规则、大连续、小断裂"的特征,但老城边缘区内轮廓呈现出明显的老城历史形制特点,即内轮廓与老城轮廓形制相近。如图4-5,将老城边缘区的内轮廓线与明城墙轮廓线进行叠加,重合度极高。且2010年南京老城边缘区的内轮廓形似南京明城墙的"凹"字形,可见老城的历史形制的保存状况与边缘区的形态有很大的联系。此外,2个年份老城的外轮廓并非规则的线形。导致这种不规则的原因主要是本次划定的老城边缘区范围受交通小区的形制影响,多以道路为界,因此受道路划分的地块形制影响。受城市自然山水格局和边缘区发展差异性影响,老城边缘区在这2个年份均有不同的局部断裂现象。如北部发展到玄武湖、紫金山时受限,并发生边缘区的断裂。但是因为老城历史形制的影响,整体的环状连续性依然存在。

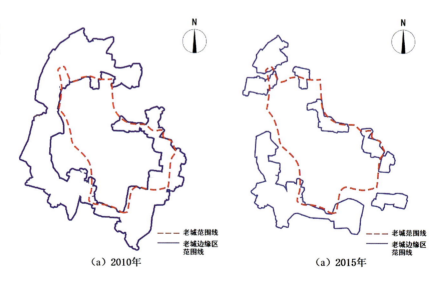

图4-5 2010年、2015年南京老城边缘区范围廓线对比图示

研究引入紧凑度指数作为衡量不同年份老城边缘区与老城空间紧凑贴合程度的指标,即用老城轮廓线和老城边缘区轮廓线重合段的长度与老城轮廓线总长度的比值来表示紧凑的强弱,公式如下:

$$C_n = \frac{|l_n - L|}{L} \times 100\% \quad (4-2)$$

其中,l_n 为第 n 年老城轮廓线与老城边缘区轮廓线重合段的长度,L 为老城轮廓线的总长度。C_n 为轮廓的贴合度指数,$0 < C_n \leqslant 1$,C_n 越大表示边缘区与老城贴合度越高。经计算,2010 年老城边缘区与老城空间关系的紧凑度 C_{2010} 为 71.30%,2015 年老城边缘区与老城空间关系的紧凑度 C_{2015} 为 38.23%。结果表明,2 个年份的老城边缘区与老城空间均非完全贴合,且 2015 年老城边缘区与老城空间关系的贴合度下降。非完全贴合是地形自然要素和经济发展要素共同影响的结果。与老城空间关系的紧凑贴合程度下降主要是因为老城边缘区的断裂现象增多。2015 年老城边缘区共计有 7 处存在断裂情况,较 2010 年增加 6 处,且断裂的空间大小参差不齐。2010 年老城边缘区的断裂仅存在于北部玄武湖区域线沿线,这主要是受到较大开敞水域的自然地形限制。而 2015 年,老城边缘区的断裂现象除了存在于北部玄武湖区域线沿线,在老城的西部滨江区域、东部月牙湖公园附近也有所分布。

4.1.3 土地利用动态分析

1) 整体用地结构"两高两低"

研究对老城边缘区内部的土地利用现状(如图 4-6、图 4-7)进行了分类统计,主要分为居住用地(R 类用地)、商业服务业设施用地(B 类用地)、公共管理与公共服务设施用地(A 类用地)、工业用地(M 类用地)、物流仓储用地(W 类用地)、绿地及广场用地(G 类用地)、基础设施用地(C 类用地)、公用设施用地(U 类用地)和其他。分析结果显示,老城边缘区的土地利用结构复杂,2010 年、2015 年南京老城边缘区的土地利用现状都呈现"两高两低"的特征:居住用地比例高、工业用地比例高,公共管理与公共服务设施用地比例低、绿地及广场用地比例低。

除道路与交通设施用地等非主要功能性用地类型外,2010 年南京老城边缘区内用地比例排前三的依次是居住用地、工业用地、商业服务业设施用地(公共管理与公共服务设施用地与之并列),分别占比 39%、

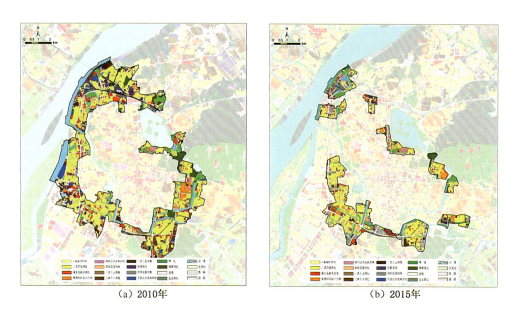

(a) 2010年　　　　　　　　　　　(b) 2015年

图 4-6　2010 年、2015 年南京老城边缘区用地现状图示

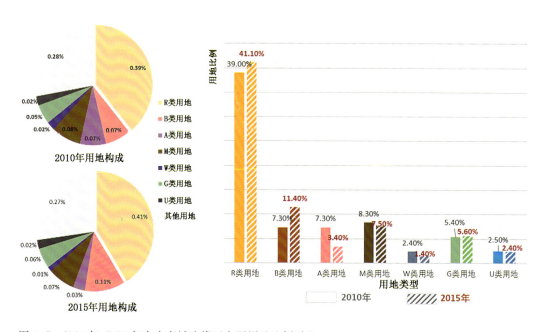

图 4-7　2010 年、2015 年南京老城边缘区主要用地比例对比

8%、7%,加在一起超过总用地的50%。2015年南京老城边缘区内用地比例排前三的依次是居住用地、商业服务业设施用地、工业用地,分别占比41%、11%、7%,这三类用地的面积总和约占总用地面积的60%。对比发现:(1)老城边缘区内部的居住用地比例始终较高,基本保持三成以上,2015年居住用地比例比较2010年提升了2个百分点,而且,结合现状卫星地图分析发现,老城边缘区内部的居住空间品质较低,多以棚户区、老旧小区为主;(2)老城边缘区内部的工业用地比例较高,且2个年份基本持平,而且2010年老城边缘区内部的工业用地比例和2015年老城边缘区内部的工业用地比例均超过了同年的公共管理与公共服务设施用地比例、绿地及广场用地比例。这说明老城边缘区居住用地规模较大,但是仍存在一些工业企业。目前,这些集聚在老城周围的工业企业多为小型工厂,规模不大,产业化水平参差不齐,亟待搬迁与升级。

2)用地混乱、混合度高

将老城边缘区内部的用地现状按照划分的交通小区分别进行研究,可以深入探究微、中观层面老城边缘区内部的用地现状和问题。图4-8显示的是2010年、2015年南京老城边缘区内各个交通小区的用地构成。本研究对土地利用混合度进行计算时参考了学者Ruben Mercado,Antonio Páez[78]及Robert Cervero[79]的研究中的计算方法,公式如下:

$$LUM_i = \frac{-\sum_{k=1}^{K} P_{k,i} \ln(P_{k,i})}{\ln(K,i)} \quad (4-3)$$

LUM_i为用地混合度,表示交通小区i土地利用功能的混合程度;K表示交通小区i内包含的用地类型的数量。利用南京市2010年、2015年土地利用现状图,本研究选取居住用地、公共管理与公共服务设施用地、工业用地、公用设施用地这4类和边缘区空间出行关系密切的用地。$P_{k,i}$表示第k种土地利用类型在交通小区i的面积占比。根据公式(4-3)计算的LUM_i取值在0~1区间内。LUM_i的大小可以直接反映不同交通小区内土地利用功能的混合程度。用地混合度越小或越接近0,表明用地混合程度越低,则地块功能越单一;反之,用地混合度越大或越接近1,则表明用地混合程度越高,混合用地的特征越明显。根据用地混合度指标计算公式得到2010年和2015年老城边缘区内每个交通小区的用地混合度数值,并制作出这2个年份的用地混合度柱状图,如图 4-9。2010 年各交通小区的用地混合度中位数在 0.7~0.8,混合度较高。2015 年各交通小区的用地混合度中位数在 0.6~0.7,较 2010 年稍有下降,但仍然处在较高混合度水平。可见老城边缘区内的土地利用混合度高,用地的多样性、复杂度不低。

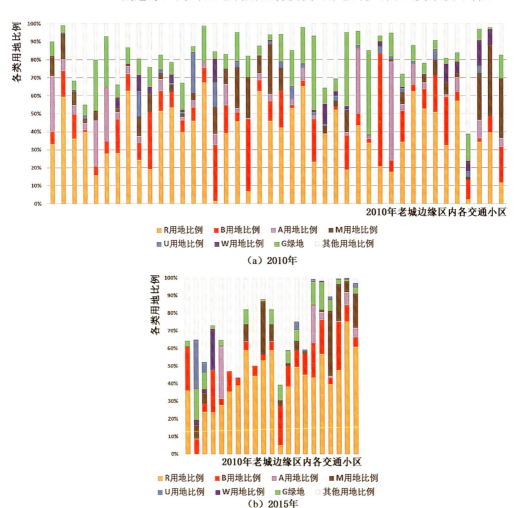

图 4-8 2010 年、2015 年南京老城边缘区内各交通小区用地结构柱状图

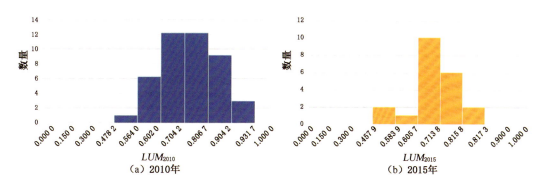

图 4-9 2010 年、2015 年南京老城边缘区内部交通小区用地混合度直方图

3) 不同性质用地演化差异性大

在老城边缘区内的各类用地主要分为八大类,即:居住用地、商业服务业设施用地、公共管理与公共服务设施用地、工业用地、绿地及广场用地、物流仓储用地、道路与交通设施用地以及公用设施用地。这里我们主要研究前五大类用地的变化,研究分别从这五类用地的空间分布和规模面积进行对比研究(见表 4-2)。

表 4-2 2010 年、2015 年南京老城边缘区各交通小区各类用地比例和分布对比

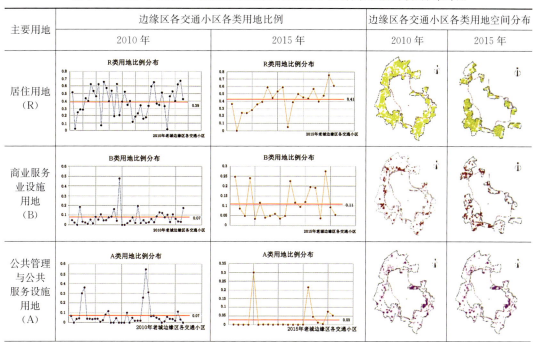

续表

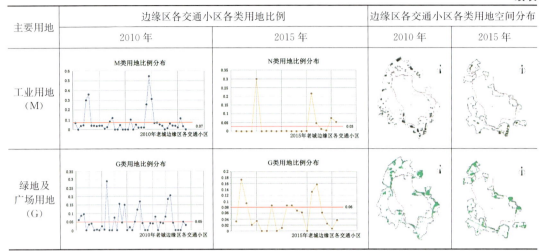

主要用地	边缘区各交通小区各类用地比例		边缘区各交通小区各类用地空间分布	
	2010 年	2015 年	2010 年	2015 年
工业用地（M）				
绿地及广场用地（G）				

（1）居住用地蚕食明显，比例偏高。2010—2015 年，居住用地一直是老城边缘区的主要用地类型。2010 年各交通小区的居住用地比例均值为 39%，2015 年为 41%，均高于其他用地的平均比例。这说明该阶段居住是南京老城边缘区的主要功能。2010 年，老城边缘区内的居住用地在空间上分布较为广泛且均匀，南部居住用地的空间密集度略大于西北方向，这主要是因为西北部受多种交通线路的分隔影响较大。然而 2015 年这两个区域的居住用地均有所减少，主要是一些老旧小区、城中村或棚户区或更迭成其他用地类型，或暂处于空地未建设状态。

（2）商业服务业设施用地规模增幅明显，东西分布不均衡。从 2010 年到 2015 年，老城边缘区内的商业服务业设施用地规模呈现出由细碎分散向成片集中式开发的变化，而且这类用地的占比从 7% 提升到了 11%。这说明老城边缘区的商业服务业设施覆盖率呈现提高趋势，商业的体量也因为新的商业综合体的开发而增加。这一过程中，老城东侧的边缘区内商业服务业设施用地空间分布基本无变化，但占比一直较低，而且其商业密集度一直低于西部。这与老城西侧的边缘区内商业服务业设施用地的较高密度呈鲜明对比。这一方面是因为西部河西新城的建设带来的居住人口的增加，另外一方面是因为老城东侧的边缘区内其他用地较为饱和，短期内商业服务业设施用地的变化空间有限。此外除南部外，其他方位的商业服务业设施用地均有所增加，其中以南侧中华门外的区域最为突出。

（3）公共管理与公共服务设施用地覆盖水平不高，且无明显增幅。老城边缘区内各交通小区的公共管理与公共服务设施用地比例在2010—2015年一直低于1%，2010年平均占比为7%，而2015年平均占比仅为3%。表4-2中这2个年份的该类用地空间分布图表明，老城边缘区的东部和北部是该类用地成片集中分布的主要方位。这些区域多为集中的科研院校和行政管理机构。这样的空间分布与南京特定的历史分区密切相关。老城北部，即玄武湖南部的鸡鸣寺周边区域分布着较多的行政管理机构，与之不同的是老城东部，明城墙以东区域分布了几所规模较大的高校和相关的研发单位。综合来看，老城边缘区内的公共管理与公共服务设施用地较为匮乏，有很大的提升空间。

（4）工业用地比例偏高，集中在老城的东南、西北2个方位。2010年、2015年老城边缘区内各交通小区的工业用地占比在7%～8%区间内。2010年有个别交通小区内工业用地比例高达40%，主要分布在老城西北方位，2015年则明显减少。2015年老城边缘区内各交通小区内工业用地占比的平均值较2010年明显减少，但相较于周边中心区其他地块，该类用地比例异常偏高。

（5）绿地与广场用地的分布不均衡。2010年、2015年老城边缘区内各交通小区的绿地与广场用地占比平均值变化不大，分别为5%、6%。2010年老城边缘区内规模较大的绿地与广场集中在北部，以玄武湖沿线、钟山风景区南部为主，南部用地的较为分散且规模较小。2015年具有类似的特征，边缘区内绿地分布南北差异性较大，城市级绿地较少。

4.1.4 空间更迭动态分析

1）更迭的方向和模式

研究发现更迭的方向和模式主要分为边缘性稳定、边缘性消减、边缘性增加三类。按照老城边缘区空间范围和位置较上一年份的变化发现老城边缘区的发展变化呈现异向性的特征。如图4-10，研究将2010年、2015年的南京市老城边缘区范围投影进行叠加，其中黑色区域为2个年份空间范围的重合区域，这些区域在2010—2015年间始终具有边缘性，将这类区域定义为老城边缘区稳定区；灰色区域和黄色区域为不重合区域，其中灰色区域在2010年属于老城边缘区但2015年已不是，黄色区域在2010年不属于老城边缘区但2015年却是，因此将灰色区域定义为老城边缘区消减区,将黄色区域定义为老城边缘区新增区。因此,按照此原则可以将南京老城边缘区的发展划分出边缘性稳定、边缘性消减、边缘性增加这三种模式。图4-11呈现的是三类老城边缘区演化模式分别覆盖的空间规模和区域。老城边缘区稳定区主要分布在老城西北方位下关区域、南部中华门外区域和东北方位,这些区域主要为工业企业、老旧小区等,历史因素复杂,其更新与开发较慢。老城边缘区消减区主要位于老城西部河西区域、东部苜蓿园以南区域和北部红山—迈皋桥区域。这三个主要区域的演变均是因为重点项目带动了新区的快速发展。例如,2014年青年奥运会的举办带动了河西滨江区域的高质发展和环境提升,新区中心的崛起促进了老城边缘区的转型提升,目前这片区域已发展成为南京的标志区域。老城边缘区新增区零星分布,规模不大,这些新增区域主要是受周边片区中心极化发展带来的负效应影响。因为周围片区中心崛起,而这部分区域因为未能同步提升从而区位优势下降,成为老城边缘区。

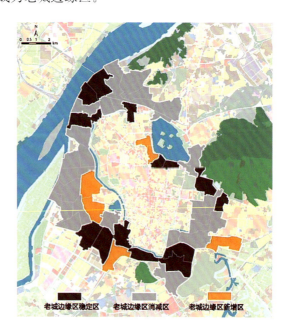

图4-10 2010—2015年南京市老城边缘区的发展变化图示

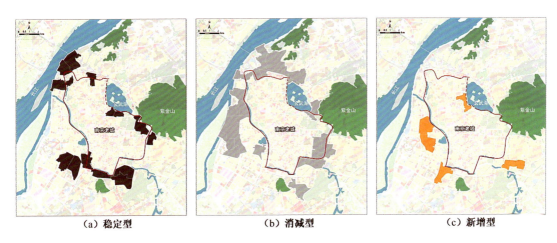

(a) 稳定型　　　　　　　(b) 消减型　　　　　　　(c) 新增型

图 4-11　2010—2015 年南京老城边缘区更迭的三类模式空间分布图示

2) 更迭的速度和强度

南京老城边缘区从 2010 年至 2015 年的发展变化在不同方位呈现出的变化特征差异较大。因此本研究将对均匀划分的 8 个扇面分别进行对比研究。这里为了科学量化和比较差异性的大小，引入了演变速度、演变强度 2 个指标，演变速度为老城边缘区平均每年在该方向扇面上拓展或收缩的面积大小[如式(4-4)]，演变强度为老城边缘区在该方向扇面上拓展或收缩的面积与起始年份在该方向上覆盖的面积的比值[如式(4-5)]。

$$V_n = \frac{|S_{n_2} - S_{n_1}|}{n_2 - n_1} \qquad (4\text{-}4)$$

$$P_n = \frac{|S_{n_2} - S_{n_1}|}{S_{n_1}} \times 100\% \qquad (4\text{-}5)$$

式中(4-4)与式(4-5)中，V_n 代表演变速度，P_n 为演变强度，n_1、n_2 分别为研究的起始年份和截止年份，S_{n_1}、S_{n_2} 分别为起始年份和截止年份老城边缘区在该方向扇面覆盖的面积。按照 4.1.1 节中扇面的划分方法进行划分和数据统计，如图 4-12，2010 年至 2015 年南京老城边缘区在各象限扇面分布的面积规模变化主要以收缩为主，最大收缩面积超过 7 km²，8 个扇面中只有西南扇面为扩张状态，但扩张的规模仅为 0.22 km²。根据公式(4-4)、公式(4-5)分别计算各个扇面的演变速度与强度并绘制出雷达图(图4-13)。2010年至2015年,南京老城边缘区演变速度呈现"东南缓、西北快"的特征,正北扇面的演变速度最快,西南扇面的演变速度最慢。不同的是,2010年至2015年,南京老城边缘区演变强度则呈现"整体均衡、西南偏低"的特征,西南扇面的演变强度低于其他扇面20至70个百分点不等。所以,现阶段南京老城边缘区在各方向的演变速度与强度差异较大,即发展变化差异大。

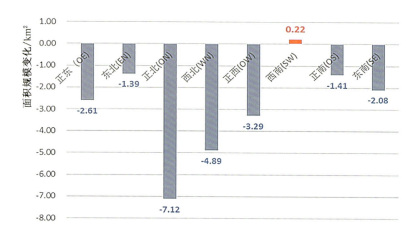

图4-12 2010—2015年南京老城边缘区在各象限扇面分布的面积规模变化柱状图

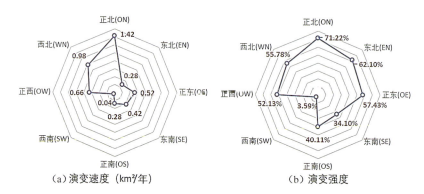

图4-13 南京老城边缘区在各象限扇面演变速度和演变强度雷达图

(a) 演变速度（km²/年）　　(b) 演变强度

3) 更迭的空间用地动态度

根据图4-11可以判断出,灰色的边缘性消减区域即为2010年南京老城边缘区发生更迭的区域。2010—2015年期间,这种更迭是边缘区的主要发展模式,因此这部分空间的土地利用变化对于把握这一阶段老城边缘区的发展特性具有很重要的研究意义。而土地利用动态度($LUDI$)则可以真实反映出区域内各类土地利用类型的变化剧烈程度,是更好地挖掘发生更迭的老城边缘区的更迭机制的一种方法[76]，所以本章节拟引入学者熊念在进行边缘区空间变化特征的研究实践中使用的土地利用动态度（LUDI）这一指标进行南京老城边缘区土地利用类型变化的特征研究，土地利用动态度（LUDI）的计算公式如式（4-6）。

$$LUDI = \frac{U_b - U_a}{U_a + 1} \times \frac{1}{T} \times 100\% \qquad (4-6)$$

式中 U_{a_1}、U_{a_2} 分别为研究初期某一用地类型的面积和研究末期该类土地利用的面积；T 为研究初期与末期的时间间隔，即研究时长；土地利用动态度指标 LUDI 可能存在零、正、负三种状态值，分别代表该类土地利用面积维持不变、正向增加、负向减少的三种状态。南京老城边缘区从2010年至2015年发生更迭的区域共包含28个交通小区，根据用地现状数据分别计算这发生更迭的28个交通小区内居住用地、商业服务业设施用地、公共管理与公共服务设施用地、工业用地、绿地与广场用地这五类主要用地类型的变化动态度（如表4-3），并绘制用地类型变化动态度柱状图（如图4-14）。

表4-3　2010—2015年南京老城边缘区更迭区的土地利用动态度计算结果统计表

单位：%

2010年交通小区编号	2015年交通小区编号	土地利用动态度				
		居住用地	商业服务业设施用地	公共管理与公共服务设施用地	工业用地	绿地与广场
62	68	−2.30	1.23	0.01	−0.78	2.74
60	74	−1.29	2.40	0.02	−1.36	−1.97
58	92	1.38	0.57	−0.86	−0.10	0.02
137	104	5.76	−3.33	0.01	0.00	−2.51
109	98	−0.73	0.42	0.02	3.12	1.07
111	120	1.73	1.88	0.02	−0.12	−0.36
170	130	0.33	3.89	−1.84	−0.67	0.00
171	141	−1.24	3.07	0.00	−3.91	−0.96
182	181	1.22	−0.15	−0.95	−4.96	−1.63
112	186	−0.82	0.22	−0.35	−1.65	−2.66
104	240	−0.17	−2.27	−0.39	0.00	0.79
129	228	−1.17	0.75	−0.41	0.00	0.00

续表

2010年交通小区编号	2015年交通小区编号	土地利用动态度				
		居住用地	商业服务业设施用地	公共管理与公共服务设施用地	工业用地	绿地与广场
39	220	0.00	0.00	0.00	0.00	0.00
140	243	0.29	−0.22	−7.07	−0.24	−0.42
14	246	1.44	1.53	−4.73	−1.94	−0.62
15	242	1.46	2.17	−1.22	−2.48	−0.39
92	267	−1.67	0.35	−1.30	0.00	2.55
27	229	5.20	0.42	−0.97	−0.70	1.39
142	208	−0.36	−0.94	−0.71	−0.58	2.85
146	75	−3.18	4.02	0.01	−1.57	−1.47
148	57	1.36	1.07	−0.22	−1.36	−3.11
69	53	4.89	−0.08	−1.13	−2.60	−2.25
65	56	−1.16	1.93	−0.74	−0.82	0.89
144	61	−2.18	0.23	−0.71	−0.42	2.66
64	64	0.88	−0.06	−0.37	−0.11	2.77
143	78	0.09	0.56	−2.01	0.00	1.20
80	93	−2.45	0.68	−0.62	0.00	0.08
88	187	−1.66	−0.33	0.02	−0.26	−0.34

注：因2010年和2015年交通调查统计不同，交通小区编号不同。

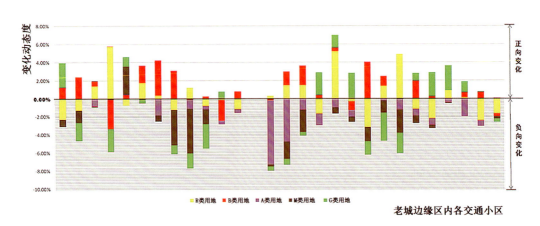

图4-14 2010—2015年南京老城边缘区更迭区的土地利用动态度柱状图

基于对更迭区整体的用地动态度观察发现,商业服务业设施用地以正向变化为主,工业用地、公共管理与公共服务设施用地以负向变化为主。在这 28 个发生更迭的交通小区中,约 70% 的交通小区呈现商业服务业设施用地增加的特征,约 40% 的交通小区商业服务设施用地动态度大于该交通小区内其他四类用地动态度,最大动态度为 4.02%;约 68% 的交通小区的公共管理与公共服务设施用地呈现负向动态变化,最大负向动态度为 －7.07%;约 70% 有工业用地的交通小区的工业用地动态度均呈现负向高值的变化,超过 50% 的交通小区工业用地规模已经降至 0。这说明老城边缘区进行更迭并向核心区演变的用地机制是以商业商务驱动为主,其次是居住驱动。即商业开发和住宅开发是这一阶段南京老城边缘区的主要更新模式,同时老城边缘区内的工业用地、公共管理与公共服务设施用地逐渐被转化成其他用地,工业用地进行功能置换,社会福利机构、学校科研等大院逐渐向外搬迁,空间主要向小街区、密路网的模式发展。这些就是老城边缘区发生更迭、边缘性消减的主要原因。比如河西片区的老城边缘区更迭就是典型的商业开发驱动的空间更迭。南京因为举办 2014 年青年奥运会这一大型赛事活动,多个地铁站点的布点建设及周边商业开发加速,直接助力整个河西片区中心的崛起,使其从老城边缘区转变成城市核心区。

4.2 建成环境的分项指标动态特征分析

在微观层面,老城边缘区空间各维度的变化是否具有一定规律性？本小节从建筑空间、功能结构与交通设施三大方面入手,试图从不同角度对老城边缘区的内部变化及其规律进行探析。

4.2.1 分项指标遴选及计算

1) 分项指标及相关研究

(1) 建筑空间

建筑空间的密度、强度等与城市存在密切联系,并且是改变城市空间环境的一个重要方面。大量的研究讨论了建成区域建筑空间及相关指标的影响。Moilanen 对挪威的研究发现,高密度发展能更好地使待业者在当地找到匹配的工作,郊区的高密度发展有利于减少长距离通勤需求,并能促进新城组团的发展,引导城市空间结构的进一步优化[82]。一般而言,空间衡量常用容积率、建筑密度、建筑平均层数等指标。

(2) 功能结构

功能结构方面主要测度片区的混合度和多样性,是城市片区功能与职能体现的一个重要维度。已有研究主要分为两个方面:一方面关注在居住用地邻近区域布局非居住用地的价值,尤其是零售业用地及公共服务设施用地,研究片区功能的混合度。另一方面关注职住平衡的研究,研究尺度相对更大,其目的是为了研究城市功能板块及城市结构。在前一方面多数研究认为,在一定区域范围内高度饱和的土地利用方式及较高的混合度能提升城市活力,与高度紧凑的生活圈层呈现较强的相关性,能促进片区紧凑性发展。在后一方面,若居住用地和工作用地出现相互分离演化的过程,则职住空间匹配度下降,片区将呈现分异发展,并且街道活力会有所下降。

(3) 交通设施

交通设施与城市片区的发展潜力息息相关,是衡量片区可达性以及居民出行的便捷性的重要维度,包括了路网设施的完善程度与某种交通方式的可达性及覆盖率。交通设施的完善性、便捷性直接决定了该城市片区的交通区位,路网可达性越好,密度越大,在相同距离内所能到达的目的地也越多,该地区发展潜力及提升空间也越大。同样,公共交通体系越发达,公交覆盖率越高,交通区位优势效应也越明显。相关学者计算了各城市功能用地的交通设施密度及覆盖率,定量分析了其格局特征与演变后发现,交通设施及公共交通覆盖水平较高的城市,其功能用地更新潜力与动力较高,总体上呈现公共设施用地比重增加的趋势。

2) 指标遴选及计算方式

本研究需要采用三大维度构建评价体系来量化测度城市空间演变,将空间关联性分析的结果定量化、可视化,从而更好地揭示空间结构,分析空间规律。因此,本研究在相关学者研究的基础上,将建筑空间、功能结构和交通设施三个要素作为评价体系的一级指标体系。同时考虑二级指标相关影响因素,采用多源数据构建二类指标分项,以共同构建老城边缘区空间演化的评价指标体系(见表4-4,图4-15)。

表 4-4 拟采用指标体系表

一类指标	二类指标	已有研究学者	拟采用数据源
建筑空间	容积率	Cervero[79]、杨俊宴[80]	建筑矢量数据
	建筑密度	Handy 等[81]	建筑矢量数据
	建筑平均层数	Moilanen[82]	建筑矢量数据
功能结构	用地混合度	池娇等[83]	POI 数据
	居住用地占比	Zhang M[84]	土地利用数据
	商务商业用地占比	吴莞姝、钮心毅[85]	土地利用数据
交通设施	公交覆盖率	孙斌栋、但波[86]	公交站点数据
	轨道交通覆盖率	Izraeli, Mccarthy[87]	轨交线网数据
	路网密度	尚正永等[88]	城市路网数据

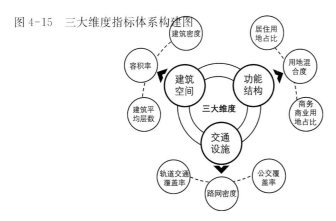

图 4-15 三大维度指标体系构建图

4.2.2 基于"开发强度"分项的空间演化特征

老城边缘区是介于老城与外围其他功能组团之间的夹层地带，在转型期建设用地供给有限、扩张放缓等情况下，原本易被忽视的老城边缘区地带，由于毗邻老城，区位优势较为明显，是转型期城市更新的重点地段。密度作为更迭的首要特征，一定程度上反映了更新前后的建筑建设及空间形态。本小节从密度的三个核心维度——建筑密度、容积率、建筑平均层数进行解构，从以上三个层面解析老城边缘区在空间更迭过程中的演化特征。

1）建筑密度

建筑密度指标代表了单位土地面积的建筑占地率，反映地块范围内的空地率和建筑密集程度，具体是指单位地块内所有建筑的基地面积之和与单位地块用地总面积之比。一方面,建筑密度反映了城市土地的利用程度和利用效率;另一方面,建筑密度也反映了城市开敞空间类型用地的占比。由于区位优越、土地价值较高,老城边缘区在城市更新过程中常常伴随着土地的高强度开发,建筑密度日益攀升。也容易出现风貌单一、缺少开放空间等城市病,这些城市病一定程度上也与建筑密度有一定联系。为了研究老城边缘区建筑密度的演化发展特征,本研究对老城边缘区的各个交通小区进行了建筑密度分布分析。

图4-16呈现的是2010年与2015年2年份老城边缘区的建筑密度对比,整体来看2010年建筑密度呈现"西部高,东部低"的特点,且有部分建筑密度较低的交通小区穿插其间。2015年呈现"西南高,正南低"的特点,多数交通小区的建筑密度呈现下降的态势。原因为老城边缘区的用地更新,将原本密度高且杂乱的用地进行更新与开发,建成环境有显著提升。

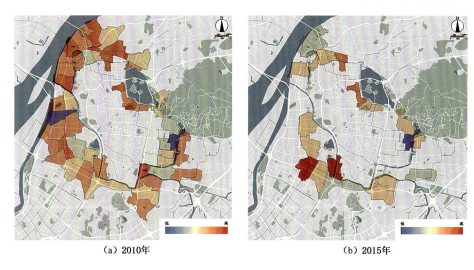

(a) 2010年　　　　　　　　(b) 2015年

图4-16　2010年、2015年南京老城边缘区建筑密度图

2) 容积率

容积率通常反映街区的开发强度,是建筑空间维度的另一项重要指标,其用总建筑面积与建筑用地面积的比值来衡量,是评价城市土地开发利用合理程度的重要指标。在区位更加优越的区域,往往聚集了更发达的基础设施、更完善的公共服务设施,在此驱动下土地价值也相应更高,土地开发强度也更高。为了研究老城边缘区演化发展特征,对老城边缘区内各个交通小区的容积率格局进行了分析。

图4-17呈现的是2010年与2015年2个年份老城边缘区的容积率对比。整体层面上,2010年至2015年各交通小区的容积率呈现整体增长的趋势,仅个别交通小区容积率下降,可能原因为拆除腾退的部分用地还未进行建设。随着城市高密度建设的推进,城市土地价值提升,各城市片区也偏向采用高密度开发的模式。在个别交通小区,呈现出容积率提升了60%～80%的情况,容积率提升至0.8～1.5之间,反映了未来老城边缘区也将可能由于区位原因及土地价值提升会有大批高容积率建设的情况。

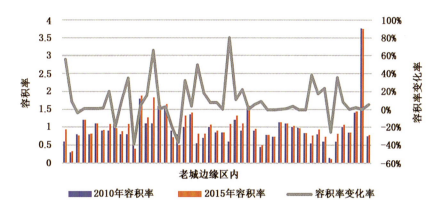

图4-17 2010年、2015年南京老城边缘区内各交通小区容积率及容积率变化率图

3) 建筑平均层数

建筑平均层数反映了片区的高度形态,反映了物质环境建设的外在表达,是片区整体风貌展示的重要窗口和片区空间形态建设的重要手段,也是城市各类空间形态的重要研究内容。在老城边缘区更迭过程中,整体空间风貌发生快速变化,伴随着高层建筑的建设,城市空间形态及城市视觉景观等的变化与高度形态的变化也越来越相关。为了研究老城边缘区高度形态演化发展特征,对老城边缘区的各个交通小区的建筑平均层数进行了分析。

为了更直观地体现老城边缘区的平均层数和高度变化,对2010年及2015年的建筑空间进行了按比例拉伸,根据图4-18可以判断出,老城边缘区的建筑高度呈现出"西高、东低,北高、南低,节点高、片区低"的整体态势,且对比来看,老城边缘区西侧的建设变化远大于东侧。2015年,老城边缘区的西侧因为快速路及新城的建设,出现了较多高层的节点,且新建住区的层数整体在15层以上,新建商办建筑整体层数在20

层以上。老城边缘区的整体平均层数由 2010 年的 5.3 层,增加至 2015 年的 6.7 层,呈现稳步提升的态势,且 2015 年消失型边缘区多位于高强度开发的片区,这表明高强度的开发与老城边缘区的更迭和消失有较为明显的正相关关系。

(a) 2010 年　　　　　　　　　　　(b) 2015 年

图 4-18　2010 年、2015 年南京老城边缘区建筑高度空间图

4.2.3　基于"功能结构"分项的空间演化特征

老城边缘区毗邻老城,是老城外溢的首要地段,是老城周边功能的重要载体之一。随着用地的更迭,老城的公共服务功能、商业功能、居住功能等向外拓展,土地利用层面的"多样性"等反映了该片区的发展轨迹和用地特征。在此选取用地混合度、居住用地占比、商务商业用地占比对老城边缘区各个交通小区进行用地分布梳理,以研究老城边缘区土地利用多样性分布格局特征,更为清晰地把握老城边缘区用地构成多样性的深层次更迭规律和特征。

1) 用地混合度

用地混合度指标体现了该片区的产业发展,一定程度上体现了该片区的活力。用地混合度较高的区域,往往拥有较为完善的配套服务和较高的人群活力。不同片区的产业、用地构成结构不同,需要结合具体情况进行分析。

分别利用 2010 年和 2015 年 POI 数据对老城边缘区进行混合度分析,利用 POI 数据统计各个交通小区内每种类型兴趣点的数量。由于原始 POI 数据分类较多,且每一大类下包括多级小类,类型之间存在重复交叉的现象。研究参考池娇等学者的相关研究,并遵循 POI 分类的普遍性、一致性原则,将 POI 数据分成居住、商业服务业设施、绿地与广场、工业、公共管理与公共服务设施、道路与交通设施 6 大类。对每一个统计单元构建指标频数密度(Frequency Dentisty,FD)和类型比例(Categories Ratio,CR)来识别功能性质,通过计算功能混合度(Land Mixing Degree,LMD)指标来测算混合度。计算公式为:

$$F_i = \frac{n_i}{N_i} \quad (i=1,2,3,\cdots,6) \tag{4-7}$$

$$C_i = \frac{F_i}{\sum_{i=1}^{6} F_i} \quad (i=1,2,3,\cdots,6) \tag{4-8}$$

$$LM = \sum_{i=1}^{6} F_i \ln(F_i) \quad (i=1,2,3,\cdots,6) \tag{4-9}$$

式中,i 代表 POI 类型;n_i 表示单元内第 i 种类型 POI 数量;N_i 表示第 i 种类型 POI 总数;F_i 表示第 i 种类型 POI 总数的频数密度;C_i 表示第 i 种类型 POI 的频数密度占单元内所有类型 POI 频数密度的比例;LM 代表功能混合度。

根据公式(4-7)、公式(4-8)计算出每一个单元的频数密度及类型比例,将类型比例值为 50% 作为判断单元功能性质的标准。当单元内某一种类型的 POI 比例占到 50% 及以上时,即确定该单元为单一功能区,POI 混合度较低,功能区性质则由 POI 类型而定;而当单元内所有类型的 POI 比例均没有达到 50% 时,即确定该单元为混合功能区。LM 用于描述单元内功能多样性的程度。

利用 POI 数据计算功能类型占比,计算出老城边缘区的单一功能区与混合功能区。如图 4-19 可见,老城边缘区的单一功能区与混合功能区存在着破碎性与不规律性,存在着"单一功能区连片发展,混合功能区散状分化""东西两侧单一功能区多,北侧、西南侧混合功能区较多"的态势。究其原因是河西新城的开发与老旧工业区的改造与更新。但 2010 年与 2015 年的用地功能混合度在性质上有所不同,例如老城边缘区北侧的大量工业用地在演替过程中更新为商业服务业设施用地,工业类 POI 数量减少,商业服务业设施类 POI 数量增加,呈现了城市更新的趋势;西侧用地从原有的村庄、工业混合用地转变为商业商务居住用地,呈现了城市扩张的态势。

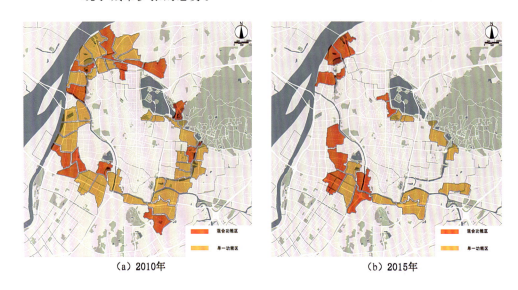

图 4-19　2010 年、2015 年南京老城边缘区单一功能区、混合功能区分布图

进一步计算 POI 的功能混合度 LM,并将其在 8 个方位进行落位,探究其在各个方向上的混合度及变化趋势。如图 4-20,在 2010 年,老城边缘区的正西、西北、西南方向的功能混合度较高,LM 值达到 2 以上,表明该地区为混合用地主导型。而正东、东北、东南方位为单一用地主导型,功能混合度在 1 左右。2015 年,老城边缘区的混合度总体态势不变,也呈现"西高东低"的态势。原因是西侧、西南为南京城市主要发展的方向,有大量可建设用地及可更新用地进行建设和合理开

图 4-20　2010年、2015 年南京老城边缘区功能混合度雷达图

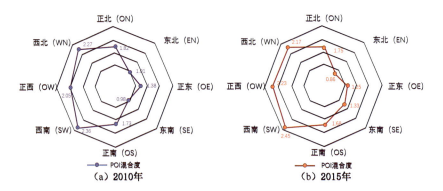

发,而东侧大量的老旧小区因各种原因无法进行二次开发,故功能混合度较低,变化也较小。

2)居住用地占比

居住用地占比与商业商务用地占比共同构成了职住比的基本计算因子,是反映该地区职住平衡的重要指标之一。由图4-21可知,近半数交通小区在2010年与2015年的对比中呈现居住用地占比基本维持不变的情况,且居住用地占比约为30%。约25%的交通小区在更迭过后,呈现高密度居住开发的态势,其在更新后居住用地占比增加了50%～70%,反映部分片区呈现以住宅开发为主导的城市更新。约25%的交通小区在更新后居住用地占比反而减少了10%～30%,说明这些片区在更新后腾退了低效的居住用地(如老旧小区、城中村等),转向其他类型的土地开发,如商业商务设施导向开发。

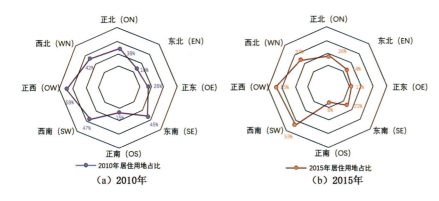

图4-21 2010年、2015年南京老城边缘区各个扇面方位居住用地占比雷达图

为了进一步探究居住用地占比在空间上的变化规律,将各交通小区的居住用地占比情况及变化情况在前文所划分的扇面上进行空间落位。由图4-22可得,2010年的结果和2015年的差异较大,并且老城边缘区的居住空间出现差异化演化的趋势。由图4-21可知,东北、西北方位的居住占比变化不大,老城边缘区西南方位和正南方位分布的居住用地面积占比变化较大,其中西南方位由47%提升至53%,表明该区域正在以居住类房地产开发为主导进行更新与改建,原因为河西新城的发展带动片区的房地产开发。相反地,正南方位由15%下降至8%,原因是城南地区的城中村拆迁,以及新增了大量未建设用地和商业文化设施用地。

图 4-22 2010 年、2015 年南京老城边缘区内各交通小区居住用地占比及变化率图

3) 商业商务用地占比

商业商务用地占比是反映该地区职住平衡以及职能的重要指标之一。计算 2010 年及 2015 年各交通小区用地可得，整体层面商业商务用地占比由原来的 14.6% 提升为 14.8%，其中商业用地占比从 7.3% 提升至 11.4%，而商务用地占比从 7.3% 降低为 3.4%。原因可能为 2015 年商务设施较为完善的区域作为工作片区，由于交通出行量的持续增加，以及相关 POI 数量的增加，在老城边缘区的识别过程中识别为消失型边缘区，从而导致老城边缘区整体的商务用地占比降低。如图 4-23 所示，

图 4-23 2010 年、2015 年南京老城边缘区商业商务用地占比

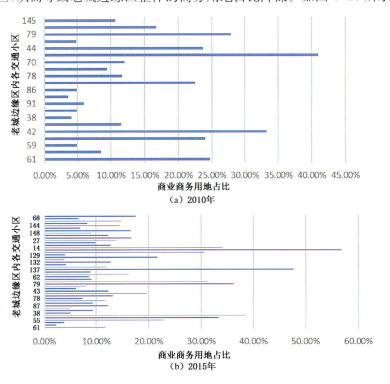

2010年,各交通小区整体商业商务用地占比呈现较大差异,其中最大值超过40%,最小值低于5%。而到2015年这一差距减少,仅3个交通小区的商业商务用地占比超过25%。表明,商业商务设施完善的区域更容易集聚工作与休闲场所,易于形成交通出行与POI的增长极,从而被识别为非老城边缘区。

4.2.4 基于"交通设施"分项的空间演化特征

在城市更迭、城市空间增长过程中,交通因素发挥着重要的作用,交通区位的改变及交通可达性的提升对片区的更新及要素的集聚有着重要的作用。当片区具有良好的总体路网结构,与城市主干路网和城市空间能够有机衔接融合时,片区才能够有机更新,以良性的状态继续发展。因此,讨论老城边缘区的道路、公交、轨道交通可达性,对于了解老城边缘区的空间更迭及其与主城的串联关系有着重要的研究价值。

1) 路网密度

在交通层面,城市片区路网密度是研究该片区路网结构和可达性的重要因素之一。片区整体交通网络结构和交通路网密度是该片区经济活动运行和土地利用的基础,只有当老城边缘区拥有合理的交通路网密度,与老城中心之间有合理的输配体系时,才能使得老城边缘区在更新过程中改善其交通区位。因此本研究道路密度作为可达性的首要影响因子,分析其在更迭过程中的变化。

从整体而言,相较于2010年,2015年老城边缘区的平均路网密度由4.36 km/km^{2}提升至5.56 km/km^2,整体提升率达27.52%。从分布状况来看,如图4-24所示,老城边缘区整体路网密度呈现"中间高,外围低""南高,北低"的分布规律,且路网密度较高片区往往与老城核心有主干路网进行衔接。这表明老城边缘区的形成与发展与老城内部有着密不可分的联系。

各交通小区内路网密度有不同程度的提升,最低值由2010年的0.55 km/km^{2}提升至2015年的1.77 km/km^2,最高值由2010年的6.40 km/km^{2}提升至2015年的10.40 km/km^2,各交通小区的路网密度主要集中于3~6 km/km^{2}这一区间,与南京老城中心13 km/km^{2}的路网密度存在较大差距。伴随着城市更新及道路体系的重新梳理,约30%的交通小区由2010年的低密度路网型老城边缘区转型为2015年的中高密度

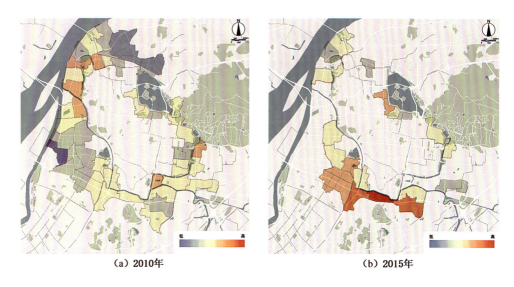

(a) 2010年　　　　　　　　　　　(b) 2015年

图 4-24　2010 年、2015 年南京老城边缘区路网密度图

路网型老城边缘区,表现为超过 100% 的路网密度变化率(见图 4-25)。路网密度的提升,增加了片区与老城及外围组团交通的可选择性,提升了片区的可达性,促进了老城边缘区的转化进程。

图 4-25　2010 年、2015 年南京老城边缘区路网密度及变化率图

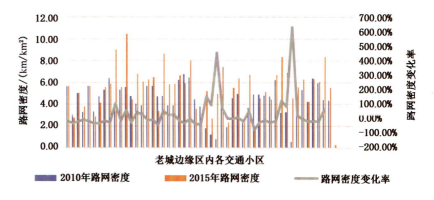

2) 公交覆盖率

在老城及其边缘区更新的同时,还面临的突出问题,即老城高强度的发展与交通容量不足的冲突,因此南京极力推进城市公共交通设施建设,不断规划新增公交线网、提升站点密度,以加强老城或者城市中心与外围的联系,缓解高强度发展带来的出行需求量的增加。公交覆盖率对于通过公共交通引导老城边缘区更新,对于建设"公交都市"、引导城市

可持续发展具有重要的研究意义。

利用POI数据及城市公交线网数据,通过坐标纠偏分别将2010年和2015年南京老城及其边缘区的公交站点分布情况进行了可视化处理,以研究其发展变化。如图4-26可见,2010年与2015年老城边缘区的公交站点分布整体较为均衡,呈现出"环古城站点密集、向外递减"的整体情况。公交发展顺应城市扩张方向,且南京古城的中心极化效应明显,老城内集中了大量公共服务设施及工作场所,因此,更多的公交线网由老城内向外部呈放射性布局,故形成了老城边缘区的整体公交覆盖情况。如图4-27,就整体公交覆盖率来看,2010年半数以上的交通小区300 m半径公交覆盖率达到了80%以上,约8成的交通小区500 m半径公交覆盖率达到80%及以上,而2015年300 m半径公交覆盖率达到了80%以上的交通小区占比约70%,9成以上交通小区500 m半径公交覆盖率达到80%以上,老城边缘区的整体公交覆盖率有了一定提升。

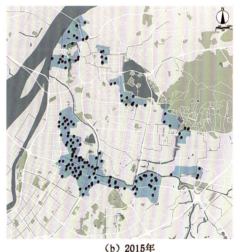

(a) 2010年　　　　　　　　(b) 2015年

图4-26　2010年、2015年南京老城边缘区公交站点分布图

如图4-28,就各个交通小区来看,公交覆盖率差异较大,呈现出"南北高、东西低,内圈高、外围低"的分布情况。其中,西南方向是南京河西组团,是城市副中心之一,与老城的联系更加紧密。西南片区的老城边缘区作为河西副中心与老城核心区之间的夹层地带,有大量穿越式公交线网,因此拥有了较为优越的交通区位,整体公交覆盖率较高。而老

图 4-27 2010 年、2015 年南京老城边缘区公交覆盖率散点图

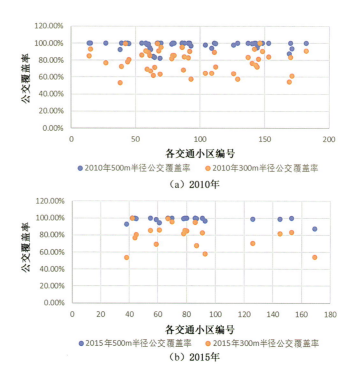

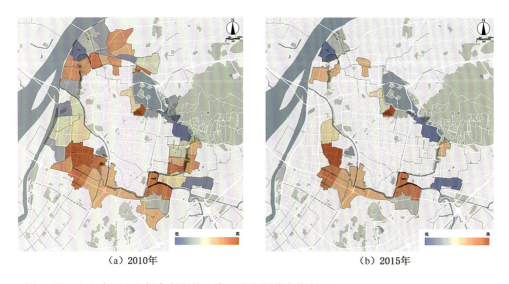

（a）2010年　　　　　　　　（b）2015年

图 4-28　2010 年、2015 年南京老城边缘区公交覆盖率分布图

城边缘区北侧方位由于靠近南京重要的交通枢纽南京站,因此公交线网总体较为密集,公交覆盖率较高。而老城边缘区的西北片区由于滨江的工业聚集,城市路网体系被工业用地、铁路设施割裂,较为破碎,并且位于外围圈层,与老城核心区联系较弱,因此整体公交覆盖率较低。

3) 轨道交通覆盖率

轨道交通的建设对城市空间发展有着促进的作用,轨道交通的大运量服务特性使得其在老城及边缘区这类交通易拥堵地区未来的交通主导地位将变得明显。作为大运量的快速交通方式之一,其建设对片区的交通区位提升作用明显,且对地区起到土地开发的导向作用。因此,轨道交通规划及其覆盖率对老城边缘区的更新和土地利用发展有重要影响。

利用 POI 数据及城市轨道交通线网数据,将南京老城及其边缘区的轨道交通站点分布情况进行了统计,并以 500 m、800 m、1 000 m 为半径分别划定轨道交通核心圈层、影响圈层和外围圈层。对比 2010 年和 2015 年,南京老城及其边缘区的地铁建设从 2010 年由 1 号线、2 号线组成的"十"字形骨架,增加为 1 号线、2 号线、3 号线、10 号线、S1 号线的多线结构。轨道交通线网主要集中于城市北部、西南部、南部和东部。2010 年,有 10 个交通小区在轨道交通的 1 000 m 半径外围圈层影响范围内,且有 7 个交通小区有 50% 以上面积在轨道交通的 1 000 m 半径外围圈层影响范围内,有 7 个交通小区在轨道交通的 500 m 半径核心圈层影响范围内。2015 年,有 10 个交通小区在轨道交通的 1 000 m 半径外围圈层影响范围内,有 7 个交通小区在轨道交通的 500 m 半径核心圈层影响范围内(如图 4-29)。如表 4-5 所示,其中,老城边缘区的整体 1 000 m 半径轨道交通覆盖率由 2010 年的 12% 提升至 2015 年的 28%,呈现"整体稳定、南北侧覆盖率增加"的态势。各交通小区的轨道交通覆盖率如表 4-5 所示。其中轨道交通 1 000 m 半径覆盖率有着 11% 至 100% 的提升,轨道交通 500 m 半径覆盖率有着 7% 至 70% 的提升,不同片区的轨道交通覆盖率变化呈现出较大的差异。其中新增型边缘区的轨道交通覆盖率变化量均为 0,表明其交通区位在 2010—2015 年期间未能有效提升,故成为新增型边缘区;消减型边缘区中有半数以上的交通小区在轨道交通覆盖率变化值中有明显提升;有 5 个稳定型边缘区在轨道交通覆盖率方面呈现明显提升。

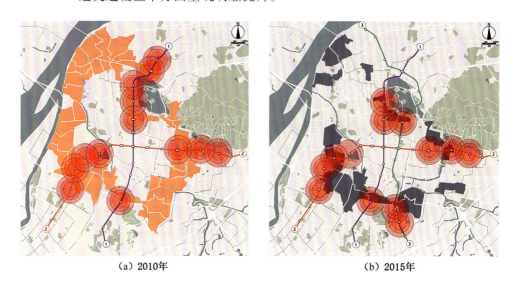

(a) 2010年　　　　　　　　(b) 2015年

图 4-29　2010 年、2015 年南京老城边缘区地铁覆盖图

表 4-5　2010 年与 2015 年老城边缘区轨道交通覆盖率对比表

单位：%

类别	交通小区编号	2010 年轨道交通 1 000 m 半径覆盖率	2010 年轨道交通 500 m 半径覆盖率	2015 轨道交通 1 000 m 半径覆盖率	2015 轨道交通 500 m 半径覆盖率	轨道交通 1 000 m 半径覆盖率变化值	轨道交通 500 m 半径覆盖率变化值
稳定型边缘区	126	0	0	100	69	100	69
新增型边缘区	45	100	70	100	70	0	0
新增型边缘区	44	100	44	100	43	0	0
消减型边缘区	182	100	48	100	48	0	0
消减型边缘区	140	100	45	100	45	0	0
稳定型边缘区	42	67	10	100	24	33	15
消减型边缘区	112	100	60	100	60	0	0
稳定型边缘区	91	100	64	100	64	0	0
新增型边缘区	67	100	51	100	51	0	0
稳定型边缘区	80	77	29	100	35	23	7
消减型边缘区	39	99	30	99	30	0	0
消减型边缘区	171	22	0	97	70	75	70

续表

类别	交通小区编号	2010年轨道交通1 000 m半径覆盖率	2010年轨道交通500 m半径覆盖率	2015轨道交通1 000 m半径覆盖率	2015轨道交通500 m半径覆盖率	轨道交通1 000 m半径覆盖率变化值	轨道交通500 m半径覆盖率变化值
消减型边缘区	88	0	0	93	54	93	54
消减型边缘区	148	77	32	89	32	11	0
消减型边缘区	146	82	36	82	36	0	0
消减型边缘区	111	0	0	79	29	79	29
消减型边缘区	170	0	0	79	21	79	21
消减型边缘区	142	0	0	75	15	75	15
稳定型边缘区	70	73	12	73	12	0	0
消减型边缘区	68	57	3	57	3	0	0
稳定型边缘区	87	0	0	47	15	47	15
稳定型边缘区	38	44	1	44	1	0	0
消减型边缘区	109	0	0	42	9	42	9
稳定型边缘区	86	0	0	37	9	37	9
新增型边缘区	79	25	5	25	5	0	0

如图4-30，从方向上来看，新增轨道交通线网（地铁3号线）以南北走向为主，新增了北侧小市、五塘广场、上元门等站点，南京站作为换乘站点，进一步提升了2010年的老城边缘区北侧片区的交通区位。老城边缘区南侧新增雨花门、卡子门等站点，缩短了该片区市民前往老城中心的交通成本。因此，在2015年，老城边缘区由于地铁3号线的开通，南北向的交通出行强度得到了提升，边缘区在南、北两个方向上呈现了明显的消减态势。在东西方向上，对比2010年及2015年的老城边缘区范围，地铁2号线的交通提升效应，以及河西新城的推进建设，共同推动了周边地块的更新与重建，因此在2015年时，新建片区的交通出行强度明显提升，该片区也由老城边缘区转换为外围新城。但是值得一提的是，仍然有部分老城边缘区斑块在轨道交通开通前后维持稳定，甚至成为新的老城边缘区。可能原因是周边片区的更新与改造，将外围片区的发展潜力激发，从而形成了新老对比和高低态势交通出行强度对比，因此内部地块重新变为了老城边缘区。

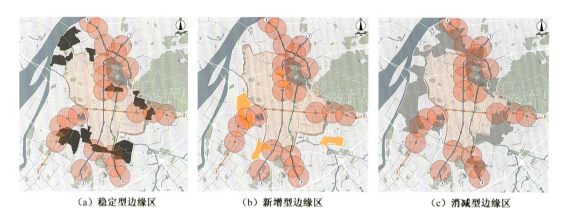

(a) 稳定型边缘区　　　　　(b) 新增型边缘区　　　　　(c) 消减型边缘区

图 4-30　南京老城边缘区变化类型与轨道交通覆盖关系图

4.3　老城边缘区空间更迭的总体演进模式分析

综合考虑宏观层面老城边缘区整体的空间分布动态、土地利用动态、边界形态动态以及空间更迭动态后，从微观层面的建筑空间、功能结构、交通设施三大分项进行了分项指标测度与演进规律探究，本小节利用空间聚类法将三大分项指标进行综合，借鉴埃里克森动态模型以及国内学者对边缘区的研究，将老城边缘区划分为"扩张消减型""内部填充型""转换核心型"三大空间演进模式。

扩张消减型老城边缘区，即由于上一时期的待建设用地、建设不充分用地转化为已建设用地的区域，用地层面呈现扩张发展的态势，而作为老城边缘区呈现的则是消减的趋势。由于新兴组团的兴建以及交通量、POI 数量的提升，该类型区域体现为原本识别为老城边缘区的地域，在本次识别中呈现为减少或消失。结合南京老城边缘区空间动态分布来看，这一区域在空间动态分布上呈现出"东、西、北多，南侧少"的特征。结合建筑空间指标来看，扩张消减型老城边缘区的形成常常伴随着容积率与建筑平均层数的提高，在功能结构方面可能存在单一功能的新建住区的开发，以及复合功能的商业商务组团的开发，且常常位于轨道交通建设区域和道路可达性较好的区域。

内部填充型老城边缘区，即在 2010 年和 2015 年同属于老城边缘区的区域,该区域形成的过程表现为这部分区域没有明显变化,但在其内部如用地、景观、交通等方面发生了某些变化。其在建筑空间、功能结构以及交通设施方面的表现分别为容积率、建筑密度、建筑平均层数没有显著的变化;用地混合度、居住用地或商业商务用地占比可能有一定比例的提升,但总体变化量不大;内部路网密度、公交覆盖率、轨道交通覆盖率有提升,交通区位进一步改善。

转换核心型老城边缘区,即由城市边缘区转化为城市核心区的区域,也是老城核心区向外扩张的区域。该片区的形成往往伴随着老城边缘区的消减,主要原因为原有的低效利用地(例如工业用地、城中村等)在城市更新的进程中被拆除重建,或完善了其功能、文化等内涵,从原本衰败的地区转变为具有活力的地区。其在微观三大层面的具体表现为:建筑空间容积率、建筑平均层数有着较大提高,而建筑密度有所下降;用地混合度有着较大的提升,从单一功能区转变为混合功能区;路网、公交、轨道交通等交通设施伴随着城市更新一同疏解和重构,相关指标有着显著提升。

4.4 本章小结

本章节从物质空间方面对南京老城边缘区从2010年到2015年变化的动态特征进行了研究,充分挖掘了在城市转型期,物质空间方面在动态演进过程中呈现出的一些规律,从而对南京老城边缘区的动态趋势和发展做出判断。

宏观层面,研究分别从边缘区的空间分布、边界形态、土地利用、空间更迭四个角度进行特征分析,并通过运用数据统计、可视化展示、模型建构与对比等分析方法,发现南京老城边缘区的分布呈现出斑块化、裂片化的趋势,用地复杂、演进的方向多极化特征明显。微观层面,基于建筑空间、功能结构及交通设施三个不同维度对老城边缘区的空间演化特征进行了分项分析。在建筑空间层面,研究发现老城边缘区总体呈现容积率提升、建筑密度呈现下降的建设状况,且西侧建设更新快、东侧更新慢,在建筑高度方面,重要交通节点容易形成高层建筑聚集的现象;在功能结构层面,发现老城边缘区的用地混合度呈现"西高东低""单一功能区连片发展,混合功能区散状分化"的现象,而居住用地和商业商务用地,因为其区位和城市发展方向及发展方式不同,老城边缘区的土地利用呈现"居住导向开发片区""商业商务导向开发"的分异现象;而交通设施层面,公交覆盖率呈现"南北高、东西低,内圈高、外围低"的分布情况。路网密度的提升,增加了片区可选性,促进了老城边缘区的转化进程,轨道交通的覆盖在老城边缘区的消减过程中起着较为关键的作用,表明交通设施的完善对老城边缘区的更迭有着一定的促进作用。

  综合宏观与微观层面的分析,通过空间聚类法分析得出,老城边缘区具有空间发展水平不均衡与拓展象限具有差异性等特征,并据此将老城边缘区空间更迭模式总结为扩张消减型、内部填充型、转换核心型三大模式。老城边缘区的发展是以更新提升为方向、区域统筹为目标,所以离不开空间调整与建设,也离不开适应空间整体发展功能的定位的引导。精准有效的规划调整是老城边缘区空间达到平衡和谐关系的必不可少的措施,是引导老城边缘区健康可持续发展必不可少的关键步骤。本章为其发展趋势做出初判,也为老城边缘区的未来发展与优化提升提供借鉴。

5 老城边缘区的交通出行特征及用地关联性机理

5.1 交通基础设施及建成环境

5.1.1 交通基础设施

老城边缘区在老城与外围新城或组团之间起着连接和过渡的作用。它承担着两区间交通流的重要转移功能。随着城市边缘区的不断演变，城市交通也呈现出一定特征，主要体现在路网建设与交通设施的完善、交通工具的转变，以及在此影响下呈现出的交通方式机动化与多元化、公共交通模式优化的趋势。

1949年之后，随着中国经济的崛起，城镇化建设进入了加速期。改革开放以后，南京城市道路建设不断加强，使得城市进入了一个新的发展时期。20世纪80年代提出了"打通南北，连接东西，贯穿内外，成环成网"的道路发展原则，重点新建、扩建虎踞南路、凤台路、龙蟠路、北安门街、明故宫路和新街口环路等主次干道，使中心区交通拥挤状况有所缓解。1949年至1990年间共新建主次干道32条，拓宽改建主次干道37条，打通"断头路"，拓宽"卡脖子路"，以改善城市道路交通状况。1949年至1990年间，南京建成区面积扩大了1.15倍，城镇人口增加了50%。

20世纪90年代之后，在新建道路的同时对主要交通干道进行了一定程度的拓宽，南京市路网逐渐向等级分明、体系完整的方向发展。90年代初期，南京城市道路建设提出了"城内成网，城外成环，沿江成束"的发展目标要求。重点对既有的主次干道陆续进行拓宽改造，先后完成建邺路、白下路、集庆路、洪武南北路、上海路、广州路等34条主次干道的拓宽改造工程，建成29座人行天桥。为加快河西地区的建设，新建应天西路和江东北路。1995年,南京市政府确定了城市建设与管理"将道路交通基础设施建设作为城市建设重点和突破口"的建设思路,按照"完善路网格局,调整路网结构,明确道路功能,确保节点畅通"的道路发展原则,使南京城市道路交通建设有了一个飞跃式的发展。1996年至1998年的3年中,新建沪宁高速公路南京连接线、龙蟠中路、幕府东路、幕府西路等主干道;拓宽虎踞南路、中央北路、光华路、云南路、后标营路等主次干道;对中山路、中山南路、中山北路、中央路、建宁路、中山东路、汉中路等主干道进行横断面布局调整,以提高机动车通行能力。至1998年底,市区27 km的内环线和"经五纬八"中的主要道路均已形成。发展至2012年,南京市城镇人口已为1990年的3.2倍,路网密度约为1990年的3.0倍,中心区的可达性也有了飞跃式的提升。

2012年之后,城市人口趋于饱和,人口增长速度大幅下降,城镇化建设进入平缓期,但道路设施建设并没有因此放慢脚步,2012年至2018年南京城镇人口增长幅度仅为5.3%,建成区面积增幅为21.3%,但路网密度增幅达到了57.2%。

新中国成立后,在南京市交通基础设施大建设的环境下,城市路网密度得以大幅提升,1990年建成区的路网密度约1.2 km/km^2,至2018年已经建设达到5.5 km/km^2,建成区各行政区中,建邺区(7.90 km/km^2)、雨花台区(7.96 km/km^2)路网密度较高,栖霞区路网密度相对较低,仅为4.23 km/km^2,其他各区相对平均。玄武区、秦淮区、建邺区、鼓楼区、雨花台区作为南京的老城区,建设发展较早,人口密集,路网密度相对较高。随着城市空间的扩展,南京逐渐形成多心开敞、轴向组团、拥江发展的城市空间结构,江宁区、六合、浦口区、栖霞区等作为城市都市区发展重要功能组团,以科教、航运、工业基地等为主,路网密度相对较低,难以形成小街区密路网格局。各个阶段城镇人口、建成区面积、路网密度统计值如表3-1所示:

表5-1 各个发展阶段南京发展指标

年份	1949	1990	2012	2018
城镇人口/万人	135	202	655	690
路网密度/(km/km^2)	—	1.17	3.53	5.55
建成区面积/km^2	91	196	637	773
中心区可达性	17.8	24.1	90.7	148.6

5.1.2 城市区位及交通可达性

城市区位是城市土地的重要特征之一,随着城市空间结构的不断更迭与演进,城市的区位和交通可达性也在不断变化之中,且与城市交通的发展密切相关[89]。

克里斯塔勒提出的"城市区位论"认为,城市具有六边形结构单元特征,中心地位于六边形的中央,任何一个中心地都有大致确定的经济距离和能到达的范围,承担着向外围提供商品和服务的职能。区位优势往往从城市中心向外围地区呈递减趋势,交通基础设施的建设具有提高沿线地区区位优势的作用,交通可达性可作为衡量地区区位优势的重要指标。中心区的交通可达性往往与该地区人口密度、路网密度和平均行驶速度等因素相关,可以通过公式(5-1)测度:

$$A_j = \sum_{i=1}^{n} \frac{T_{ij}}{d_{ij}\beta} \qquad (5-1)$$

其中 A_j 是城市中心区 j 的可达性;T_{ij} 为中心区对地区 i 的吸引力大小,由地区 i 的自身需求和中心区所能提供的吸引组成,可以通过人口密度与路网密度等进行量化;d_{ij} 是地区 i 和地区 j 之间的到达阻尼,一般通过两点间道路距离或行驶时间表示;β 是修正系数,早期的研究中取值为2。

根据公式(5-1)计算得到各个时间节点的城市中心区可达性。如图 5-1 所示:

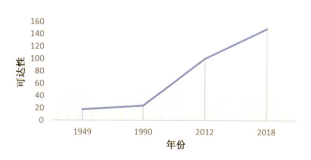

图 5-1 南京市各发展阶段中心区可达性变化图

第一阶段由于新中国成立之初南京城市发展速度缓慢,人口、路网密度和建成区面积增长的速度均十分缓慢,中心区的可达性较低。1990—2012 年间,随着南京市基础设施建设迅猛发展,中心区的交通可达性快速提升。2012 年后,南京城市建设更加注重城镇化的质量,中心区可达性提升速度有所减缓，但始终保持稳步提升的发展趋势。

5.1.3 建成环境

国内外许多研究表明，建成环境会对居民的出行模式产生影响，为了方便分析建成环境对交通或出行的影响，赛韦罗（Cervero）和科克尔曼（Kockelman）总结归纳了建成环境"3D"维度（density、design、diversity，密度、设计、多样性）下的10个具体指标[90]。赛韦罗等在研究哥伦比亚波哥大的建成环境及其对步行与骑行行为的影响时，在"3D"建成环境基础上增加了"交通换乘距离"（distance to transit）和"目的地可达性"（destination accessibility）两个维度，形成了"5D"建成环境评估维度，并以此为基础提出了39个具体指标[91]。此后，国内外多位学者的研究中均以"5D"维度指标为参考对影响TOD效能的建成环境进行研究。

在2010年和2015年老城边缘区识别结果的基础上，选取涵盖建成环境"5D维度"的11个具体指标对老城边缘区的建成环境进行度量。其中密度（density）包括建筑密度、容积率和路网密度，多样性（diversity）包括用地多样性、用地混合度以及职住比三个指标，设计（design）选择了有信号灯控制的交叉口数量作为指标，目的地可达性（destination accessibility）采用到市中心直线距离和到市中心绕行系数两个指标，交通换乘距离（distance）指标包含轨道交通覆盖率（距离地铁站1 000 m以内为可达范围）和公交覆盖率（距离公交站300 m以内为可达范围）。

各个建成环境选取的表征指标及2010年和2015年不变的老城边缘区统计值如表5-2所示。

表5-2 建成环境指标及统计值

建成环境		2010年		2015年	
		平均值	标准差	平均值	标准差
密度	建筑密度	0.29	0.07	0.25	0.08
	容积率	0.94	0.34	1.03	0.42
	路网密度/(km/km²)	4.65	1.03	5.59	2.08
多样性	用地多样性	6.33	0.82	6.07	1.22
	用地混合度	0.70	0.13	0.68	0.09
	职住比	0.91	1.20	11.56	41.76
设计	有信号灯控制的交叉口数量	4.27	2.05	3.40	2.16

续表

建成环境		2010 年		2015 年	
		平均值	标准差	平均值	标准差
交通换乘距离	到市中心直线距离/m	4 486.27	1 593.26	4 486.27	1 593.26
	到市中心绕行系数	7.10	7.47	6.97	2.71
目的地可达性	轨道交通 1 000 m 半径覆盖率	0.25	0.36	0.45	0.40
	公交 300 m 半径覆盖率	0.80	0.15	0.80	0014

结果显示，与 2010 年相比，2015 年的密度指标，包括建筑密度、容积率、路网密度普遍提高，而用地混合度指标呈现下降趋势；到市中心的绕行距离有所下降，老城边缘区的交通可达性增加，区位优势度有所提升，公共交通可达性提高。

5.2 老城边缘区出行结构及出行方式

5.2.1 老城边缘区出行的空间结构

由于老城边缘区处于老城区和城市外围片区过渡地带这一特殊的交通区位，与老城边缘区相关的出行与城市空间形成了较为复杂的交互关系。根据出行起讫点分布的位置与老城边缘区位置之间的关系，与老城边缘区相关的居民出行空间分布可分为三种类型（图 5-2）。三种出行类型定义如下。

（1）内部出行：出行起点和讫点均位于老城边缘区内，出行路径位于老城边缘区域内，通常出行距离较短。

（2）起讫出行：出行起点或讫点均位于老城边缘区内，将它们分为起点出行和讫点出行两类。起点出行即出行起点位于老城边缘区内，而讫点位于老城区边缘区外；讫点出行为出行讫点位于老城边缘区内，而起点位于老城区边缘区外。

（3）过境出行：出行起点和讫点均位于老城边缘区外，且出行路径穿越老城区边缘区。根据出行方向的差异可分为向内过境和向外过境两类。向外过境即出行起点在老城区，而出行讫点在外围片区；向内过境即出行起点在外围片区，而讫点在老城区。

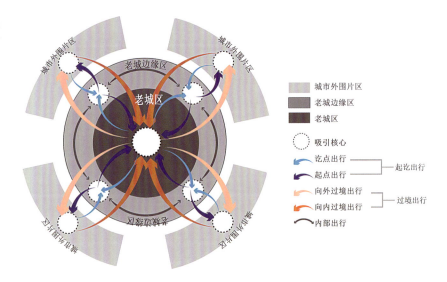

图 5-2 老城边缘区出行类型及出行结构示意图

5.2.2 老城边缘区的出行特征

以 2010 年居民出行调查数据及老城边缘区范围为例,对老城边缘区出行的空间结构及出行特征进行分析。根据边缘区的识别结果,筛选出与边缘区相关的出行数据共计 2 919 条,并将其分为五类,分别是内部出行、起点出行、讫点出行、向内过境出行和向外过境出行。表 5-3 显示了样本中的出行记录的数量和每种类型的百分比。过境出行(包括向内过境出行和向外过境出行)是目前所有的出行记录中最常见的类型,占 58.4%(24.1% 为向外过境出行,34.3% 为向内过境出行)。内部出行的比例很小,只有 0.86%,而起讫出行占 40.73%(16.99% 为起点出行,23.74% 为讫点出行)(表 5-3、图 5-3)。

表 5-3 各类出行比例

出行类型	类型细分	频次	比例/%
内部出行	内部出行	25	0.86
起讫出行	起点出行	496	16.99
	讫点出行	693	23.74
过境出行	向内过境出行	1 000	34.26
	向外过境出行	705	24.15

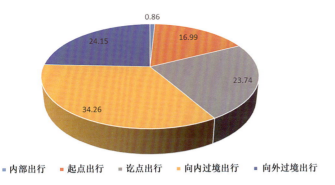

图 5-3　各类出行比例饼状图

由于各类出行距离、起讫点区域类型等不同，居民选择各类出行方式的比例存在差异，将出行方式分为步行、非机动车、机动车和轨道交通四类。2010 年不同类型出行时耗及方式如图 5-4、图 5-5 所示，内部出行由于出行距离较短，步行出行比例较高，而出行距离普遍较长的过境出行当中，机动车出行占了较大比例。

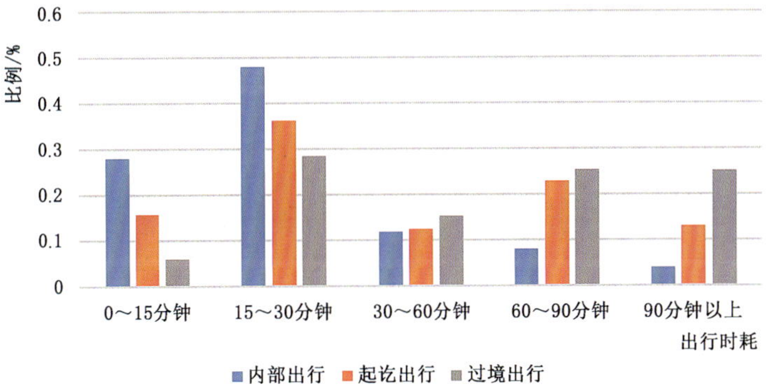

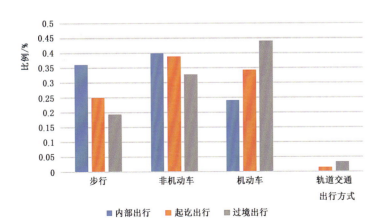

图 5-4　各类出行时耗分布柱状图

图 5-5　各类出行方式分布柱状图

5　老城边缘区的交通出行特征及用地关联性机理　**123**

为了进一步研究各类出行的特征,我们分别对过境出行、起讫出行和内部出行三种类型的出行从出行目的、出行方式、人群等方面进行了更为详细和深入的分析。

1) 过境出行

过境出行在三类出行中所占比例最高,其中向内过境出行数量多于向外过境数量。过境出行以通勤出行(即刚性出行)为主,约占出行总量的2/3;出行方式中,机动车出行与地铁出行相对占比较高;出行时耗较长,平均时耗为66.3分钟,1小时以上的出行占全部出行的一半以上,根据各种交通方式比例以及平均速度换算,平均出行距离约为28.8 km。

2) 起讫出行

与边缘区相关的出行中,起讫出行也占了相当大的比例,其中起点出行占16.99%,讫点出行占23.74%。起讫出行的平均出行时耗为50.1分钟,平均出行距离约为21.2 km,与过境出行相比较短。对于起讫出行,本研究更关注的是出行起点和出行讫点在空间上的分布特征以及与这部分出行相对应的人群的特征。

起讫出行的起点和讫点的空间分布具有一定的集聚特征。从以边缘区为起点,其他片区为终点的通勤出行来看,起点主要位于边缘区的西南部片区和东南部片区,这是因为这些地区集中了大量的居住小区,而讫点主要集中在老城区,并在老城区内均衡分布,这是因为老城区集中分布了大量学校以及工作岗位,且集中了大量商业服务以及旅游资源。讫点在边缘区的出行中,讫点主要位于边缘区的西南部片区和东南部片区,这是因为这些地区集中分布的居住小区产生了大量的工作岗位,周围也集中分布了一些休闲娱乐场所;通勤出行起点在老城区的分布较为均匀,在外围片区则相对集中地分布在紫金山北部、三牌楼西部以及雨花台区东部等几个片区,这是因为这些区域集中了大量的居住小区;而弹性出行的起点在老城区和城市外围片区的分布均集中在吸引力较强的几个点,如新街口地区、雨花台区西部片区等,这是因为这部分地区集中了大量的居住小区以及工作岗位。

从起讫出行的弹性出行和刚性出行总人数来看,青年和中年人群为出行的主体人群,其中30～39岁人群占总人数的一半以上。从不同出行起点的不同出行目的来看,起点出行中刚性出行的人群中6～19岁的和中小学生所占比例最高,其次为 20～29 岁人群以及工人和职员;而起点出行中弹性出行人群的年龄主要集中在 30～49 岁(占 78.9%),职业主要为服务人员和职员或公务员。讫点出行中刚性出行的人群年龄集中在 30～59 岁之间,职业以工人、职员或公务员以及离退休人员为主;讫点出行中弹性出行人群的年龄主要集中在 30～49 岁(占 57.0%),职业主要为服务人员、职员或公务员以及离退休人员。(见图 5-6、图 5-7,表 5-4、表 5-5)

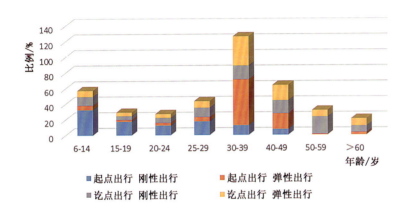

图 5-6 起讫出行个体年龄分布柱状图

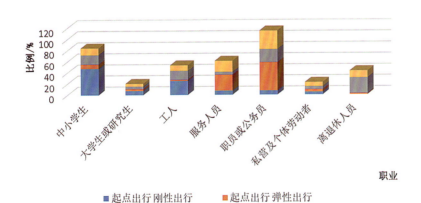

图 5-7 起讫出行个体职业分布柱状图

表 5-4 起讫出行人群的年龄分布特征

年龄/岁	起点出行		讫点出行	
	刚性出行/%	弹性出行/%	刚性出行/%	弹性出行/%
6~14	32.5	5.6	11.4	7.9
15~19	17.5	2.2	5.1	4.4
20~24	12.5	3.3	6.6	4.8
25~29	17.5	5.6	12.0	8.3
30~39	12.5	58.9	17.7	37.3
40~49	7.5	20	16.8	19.7
50~59	0	1.1	22.2	8.3
>60	0	3.3	8.3	9.2

表 5-5 起讫出行人群的职业分布特征

职业	起点出行		讫点出行	
	刚性出行/%	弹性出行/%	刚性出行/%	弹性出行/%
中小学生	47.5	8.0	17.0	12.1
大学生或研究生	7.5	3.4	4.8	4.7
工人	25.0	2.3	16.1	10.2
服务人员	7.5	28.4	5.4	20.0
职员或公务员	7.5	51.1	23.5	33.0
私营及个体劳动者	5.0	4.5	5.4	7.4
离退休人员	0	2.3	28.0	12.6

3）内部出行

内部出行的出行目的以弹性出行为主，出行方式以步行和非机动车为主（分别为 36% 和 40%），机动车出行比例很小（仅为 24%），平均耗时 43.84 分钟。与另外两种出行相比，内部出行具有距离短、耗时少、出行方式低碳环保的优势，然而内部出行在三类出行中占比极小，仅为 0.9%，可能是由于老城边缘区内用地结构不完善所导致的，这也是职住分离现象的表征。

5.2.3 老城边缘区出行模式的变化

城市空间的演进与交通基础设施的建设发展，导致老城边缘区的交通特征也处于不断的变化之中。

新中国成立初期,城市居民的活动主要集中在较小的区域,出行方式以步行、自行车、人力马车等慢行交通方式为主。1986年至1999年,步行的出行比例逐步下降。之后,通过几年的公共交通发展,公交的出行比例有了较大的提高,1999年公交出行比例达到了21%,比1997年提高了12个百分点。与此同时,自行车的出行比例则大幅度下降。1999年,步行、自行车和公交是南京的主要出行方式,三者的出行比例之和达到85%以上。2015年,南京市主城区居民出行方式结构中,公共汽(电)车比例为17.4%,轨道交通比例为9.3%,出租车比例为2.2%,公共交通[公共汽(电)车+轨道交通+出租车]比例合计为28.9%;私人汽车出行比例为13.0%;慢行交通出行比例为55.9%。

随着城市规模的不断扩大,居民出行距离的增加,城市机动车出行高速发展。南京市小客车、摩托车占整个机动车的比例,1980年分别为9.1%和6.68%,1990年分别增长为12.64%和25.57%,1999年分别提高到20.67%和55.76%。机动化发展首先表现为摩托车出行的迅速发展,然后是小汽车出行的迅速发展。居民不断增加的活动空间使得远距离跨区出行需求增大,传统的以慢行交通为主的单一出行模式显然已不能满足居民的出行需求,私人小汽车、公共汽车、地铁逐渐取代了自行车和步行,成为居民的主要出行方式,居民的出行模式也逐渐多元化、高效化。

为了实现城市交通可持续发展,居民出行对公共交通的依赖性逐步提升,公共交通模式也不断丰富、优化,更多的城市选择修建地铁,引入共享单车、共享汽车等方式提升公共交通的吸引力与服务水平,并影响着居民的出行模式。

在出行行为方面,老城边缘区主要的变化是在出行的空间结构和出行时间方面。2010年共筛选出945个与老城边缘区相关的有效出行样本,占出行数据总量的21.15%。2015年共筛选出2 243个与老城边缘区相关的有效出行样本,占出行数据总量的38.43%。2010年至2015年,老城边缘区居民平均出行时间下降了6.3%。此外,居民出行比例由20.30%上升至38.44%,提高了18.14个百分点。车辆出行增加了了15.5个百分点,慢行交通出行减少了33.1个百分点。总体上看,该地区居民公共出行比例明显提高。随着空间和设施的完善,该地区居民出行方式已由流动出行向公共交通出行转变。

老城边缘区人群组成和出行特征也发生了一些变化(图5-8~图5-12)。以2010年和2015年的数据为例,人群组成来看,女性的人口比例有所提升,男女比例趋向均衡。40岁以上各个年龄段人口比例普遍增加,其中60岁以上人口比例增加了2倍以上,40岁以上人口比例从28.26%提升至53.95%,南京老城区边缘区体现出了一定程度的老龄化特征。从职业来看,退休人员和其他职业者比例有所提高,学生和工人比例下降,职业类型更加多元。该地区人口的受教育水平有所提高,大专、本科、研究生及以上的高学历人口比例提高1倍以上。从出行行为来看,该地区慢行出行和机动车出行比例提高,公交出行比例有所下降。15分钟以内的短时耗出行比例增加了1倍多,平均出行时耗大幅下降,从50.62分钟下降至23.43分钟(见图5-8~图5-12)。

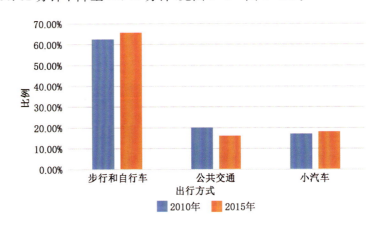

图5-8 2010年与2015年出行方式分布柱状图

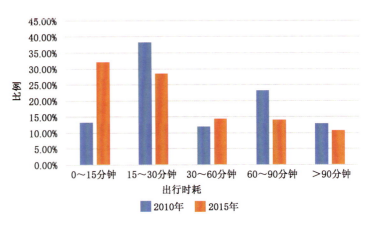

图5-9 2010年与2015年出行时耗分布柱状图

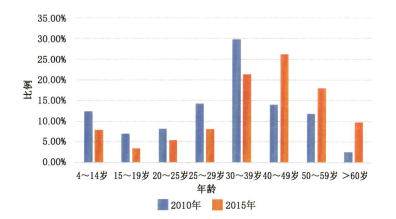

图 5-10 2010 年与 2015 年出行个体年龄分布柱状图

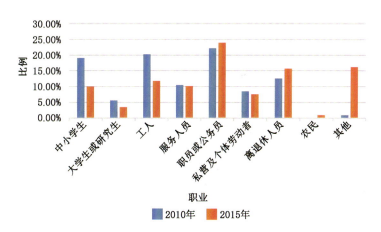

图 5-11 2010 年与 2015 年出行个体职业分布柱状图

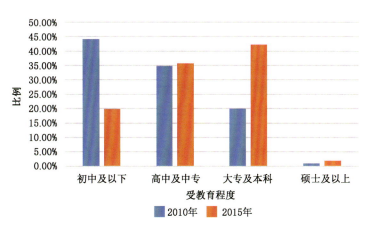

图 5-12 2010 年与 2015 年出行个体受教育程度分布柱状图

5 老城边缘区的交通出行特征及用地关联性机理

5.3 老城边缘区出行方式与城市用地关联性研究

5.3.1 研究方法

随着老城区不断地将其功能转移到老城边缘区,老城边缘区的空间开始更迭,并导致居民出行行为发生了更为复杂的变化。因此,有必要研究老城边缘区的空间变化与出行行为变化的关系。

出行行为的研究方法有多种,交通工程学和交通规划学是最早关注交通出行行为的领域。1962年美国制定的联邦公路资助法案规定,凡5万人口以上城市,须在城市综合交通调查的基础上制定都市圈交通规划后,才可得到联邦政府的公路建设财政补贴。该项法案直接促成了交通规划理论和方法的形成和发展,即经典的出行产生、出行分布、方式划分和交通分配四阶段推算法。这种方法使得交通出行研究从一开始就以设施建设为服务对象,以预测为最终的目标。但该方法一直受到广泛的批评,其中最多的批评是,它没有考虑到出行行为的内容,只是关注交通流的大小和方向,而不是交通流形成的机制,因此,预测的结果往往不准确,而且当城市发展到一定的阶段,交通问题的解决不再依靠长期的交通供给建设而转向短期的交通管理的时候,该方法的作用便大为减弱[92]。二十世纪七八十年代出现了从微观层面上关注个体决策和选择过程的非汇总方法,开始从微观机制上研究出行方式、出发时间以及交通工具类型的选择,效用理论和消费者行为理论等经济学的理论与方法开始用于交通出行决策的研究,非聚集模型逐渐被广泛应用于出行行为影响因素的研究当中,国内外学者基于随机效用理论及模型对出行方式的影响因素和影响机制进行了大量定量化研究[93-94]。

以建成环境发生重大变化的南京老城边缘区为研究对象,采用非聚集模型,选取建成环境、居民社会经济属性多类指标,建立 Logit 回归方程[95],对 2010—2015 年各类指标对出行行为的影响进行跟踪比较。

5.3.2 Logit 模型构建

为了研究建成环境和个体社会经济属性对老城边缘区居民出行方式选择的影响,在数据空间可视化和统计分析的基础上进行了定量检验。出行方式分为步行和自行车、公共交通、机动车三类。数据分析采用多重 Logit 模型。[96]

$$\text{Logit}(P_1/P_2) = \beta_0 + \beta_1 X_1 + \beta_2 X_2 + \varepsilon \quad (5\text{-}2)$$

为了更具体地研究建成环境对不同出行方式的影响,本研究以机动车作为步行和自行车、公共交通的参考。公式(5-3)和公式(5-4)是在公式(5-2)的基础上建立的,用于回归分析。

$$\text{Logit}(PW\&B/PM) = \beta_0 + \beta_1 X_1 + \beta_2 X_2 + \varepsilon \quad (5\text{-}3)$$

$$\text{Logit}(PT/PM) = \beta_0 + \beta_1 X_1 + \beta_2 X_2 + \varepsilon \quad (5\text{-}4)$$

$\text{Logit}(P1/P2)$ 是任意两种交通模式的概率比的自然对数。ε 是随机误差项。X_1 是居住区建筑环境特征,涵盖密度、多样性、设计、交通换乘距离和目的地可达性五个维度。具体指标包括建筑密度、容积率、路网密度、用地多样性、用地混合度、职住比、有信号灯控制的交叉口数量、到市中心直线距离、到市中心绕行系数、公交覆盖率、轨道交通覆盖率等。X_2 是居民的社会经济属性,包括性别、年龄、职业、驾照和教育程度。$\beta t(t=0,1,2)$ 为拟合参数。

考虑到路网密度和有信号控制的交叉口数量、到市中心绕行系数等指标,用地种类和土地利用混合度之间存在高度共线性问题,本研究再实证模型中剔除了路网密度和用地种类变量,最终纳入模型的建成环境变量包括建筑密度、容积率、路网密度、用地多样性、用地混合度、职住比、有信号灯控制的交叉口数量、到市中心直线距离、到市中心绕行系数、公交覆盖率和轨道交通覆盖率。居民的社会经济属性变量包括性别、年龄、职业、是否有驾照和受教育程度等。其中性别以女性为参照,年龄合并为儿童(6~14岁)、青少年(15~24岁)、中年(25~50岁)和老年(50岁以上)四类,并以儿童(6~14岁)为参照。职业合并为学生,工人、职员、公务员、服务人员、退休人员及其他,私营及个体四类,并以私营及个体作为参照。受教育程度分为初中及以下、高中及中专、大专及本科和硕士及以上四类,并以初中及以下作为参照。是否有驾照把没驾照作为有驾照的参照变量。

5.3.3 模型拟合结果及影响机制分析

分别对 2010 年和 2015 年老城边缘区变化区域进行建模和分析,从

2010年到2015年,该区域由边缘区变成非边缘区,并获得了这2个年份的显著性指标和非显著性指标。根据显著性水平,显著性指标分为3类:非常显著(＊＊＊)、显著(＊＊)和一般显著(＊)。然后,对2010年与2015年的数据进行了对比分析,其核心目标是了解边缘演化区空间、人口和出行方式之间的相互作用,并解释其内在机理和原因。

数据模拟过程采用SPSS 20完成,结果如表5-6、表5-7所示。

表5-6 边缘区演化区——选择步行或自行车出行

影响因子	2010年		2015年	
	趋势	显著性	趋势	显著性
有信号灯控制的交叉口数量	＋	＊＊＊	＋	＊＊＊
到市中心绕行系数	－	＊＊＊	－	＊＊
容积率	－	＊＊＊	－	＊＊
退休人员及其他	＋	＊＊＊	＋	＊＊＊
硕士及以上	－	＊＊＊	－	＊＊＊
是否有驾照(是＝1)	＋	＊	－	＊＊＊
建筑密度	－	＊	＋	／
用地混合度	－	＊＊＊	＋	／
大专及本科	－	＊＊＊	－	／
公交300 m半径覆盖率	－	／	＋	＊＊＊
性别(男＝1)	＋	／	－	＊＊＊
老年	＋	／	＋	＊＊＊
到市中心直线距离	／	／	／	＊＊
职住比	－	／	－	／
轨道交通1 000 m半径覆盖率	－	／	＋	／
青少年(15～24岁)	／	／	／	／
中年(25～50岁)	／	／	／	／
学生	－	／	－	／
工人、职员、公务员、服务人员	＋	／	＋	／
高中及中专	＋	／	＋	／

注:＊表示在10%的水平上显著,＊＊表示在5%的水平上显著,＊＊＊表示在1%的水平上显著,／表示该指标不显著。

表 5-7 老城边缘区演化区——选择公共交通出行

影响因子	2010 年		2015 年	
	趋势	显著性	趋势	显著性
到市中心绕行系数	−	＊＊＊	−	＊＊
工人、职员、公务员、服务人员	＋	＊＊	＋	＊＊
退休人员及其他	＋	＊＊＊	＋	＊＊＊
用地混合度	−	＊＊	＋	/
青少年（15～24 岁）	−	＊＊＊	＋	/
中年（25～50 岁）	−	＊	＋	/
大专及本科	−	＊＊＊	−	/
有信号灯控制的交叉口数量	＋	/	＋	＊＊＊
建筑密度	＋	/	−	＊＊＊
容积率	−	/	＋	＊＊
公交 300 m 半径覆盖率	＋	/	＋	＊＊＊
性别（男＝1）	−	/	−	＊＊＊
老年	＋	/	＋	＊＊＊
高中及中专	−	/	−	/
硕士及以上	−	/	−	＊
职住比	＋	/	＋	/
轨道交通 1 000 m 半径覆盖率	−	/	＋	/
学生	−	/	＋	/
是否有驾照（是＝1）	＋	/	−	/

注：＊表示在 10% 的水平上显著，＊＊表示在 5% 的水平上显著，＊＊＊表示在 1% 的水平上显著，/表示该指标不显著。

从总体表现来看，选择小汽车出行作为参照，从 2010 年到 2015 年，各因子在促进居民选择步行、自行车或者公共交通方面的显著性都是在变化的。而且这种显著性的变化呈现 3 种不同的动态特征：(1) 因子的相关性在 2 个年份均为显著，显著性稳定；(2) 因子的相关性在 2010 年显著，在 2015 年不显著；(3) 因子的相关性在 2010 年不显著，在 2015 年显著。对此，我们分别展开讨论。

1) 步行和自行车出行的影响机制

在 2010 年和 2015 年，有信号灯控制的交叉口数量、到市中心绕行系数、容积率、硕士及以上学历、退休及其他人员、拥有驾照因子均呈现显著相关。其中,有信号灯控制的交叉口数量和退休人员及其他 2 个因子的相关性的显著水平和影响趋势保持不变;到市中心绕行系数和容积率相关性的影响趋势保持不变,但显著水平有所下降;而是否拥有驾照因子影响从正向变成了负向。调查数据显示,这 2 个年份的驾照拥有率基本不变,说明关键影响因子很可能是拥有驾照的人群。2010 年该区域是老城边缘区,拥有驾照的人更愿意选择步行或自行车出行,主要是因为在拥有驾照的这群人中,有较大部分人群是中青年职员。他们的工作地点在老城内和边缘区周边,拥堵的城内交通让他们更愿意选择步行或自行车出行。2015 年该区域不再是老城边缘区,拥有驾照的居民反而更愿意选择小汽车出行。这主要是因为空间的更迭带来人群的流动。2010 年居住在这里的拥有驾照的工作人群已经相继搬迁离开,该区域增加了很多拥有驾照的中老年人。退休后的人群更多地选择外出休闲或接送子女的孩子。他们有舒适出行的需求,但是又没有工作通勤时间的交通压力,自然更愿意选择自己开车或者打出租车出行。

从 2010 年到 2015 年,因子建筑密度、大专及本科学历、用地混合度的相关性由显著变成了不显著。多项前人的研究均发现高密度的建筑环境不利于人们步行或自行车出行。2010 年建筑密度与促进人们选择步行或自行车出行呈现显著负相关,2015 年该因子却变得不显著,原因可能是因为平均建筑密度在这 2 个年份变化不大,因此建筑密度不再是一个关键的影响因素。用地混合度因子和大专及本科学历均由 2010 年的显著相关变成不显著相关,这种显著性的消失是因为在空间不断发生更迭的老城边缘区,这些因子的总体水平变化较小。

从 2010 到 2015 年,公交 300 m 半径覆盖率、男性、老年人、到市中心绕行系数因子在促进居民选择步行和自行车出行方面从不相关变成显著相关。这 5 年间,南京市主城区公交 300 m 半径覆盖率不仅有所增加,而且公交的总体运营数量增加了近 3 成。公共交通体系的建设大都和慢行体系建设同步进行,缩短居住区到公共交通站点的路线距离、优化步行到站点的路径、结合站点布置非机动车交通换乘等措施大大提升了人们的步行和自行车出行环境,很大地鼓舞了人们选择非机动化出行。值得关注的还有男性这一显著相关性因子。与女性相比,男性更不愿意选择步行、自行车、公交,他们更倾向于小汽车出行,这在前人的研究汇总中也有类似的发现[97]。此外,2015年的样本中,老年人比例比2010年有所增加,这促使该因子的显著性有很大提升,而且随着健身健康意识逐渐加强,步行和骑行作为有益身心健康的出行方式被越来越多的老年人所接受。

2) 公共交通出行影响机制

到市中心绕行系数,工人、职员、公务员、服务人员,退休人员及其他因子在2个年份中均呈现显著相关。这3个因子不仅在2个年份中均呈现显著相关,且影响趋势一致。研究结果表明,到市中心绕行系数越小,与公共交通方式相比,人们越愿意选择步行和骑行。

从2010年到2015年,用地混合度、青少年、中年、大专及本科学历因子的相关性由显著变成了不显著。在促进居民选择公共交通出行方面,因子用地混合度、大专及本科学历的显著相关性的变化是一致的,造成这种趋势的原因也是因为该类因子在2个年份中的平均水平变化不大。对于老城边缘区这种动态发展的区域,因子数值的波动性与其相关性的波动变化有一定关系。

有信号灯控制的交叉口数量、建筑密度、容积率、公交300 m半径覆盖率、男性、老年人、高中及中专学历、硕士及以上学历因子促进居民选择公共交通出行方面从2010到2015年从不相关变成显著相关。在促进公共交通出行上,老年人、高中及中专学历、硕士及以上学历因子相关性的变化和其在促进步行、骑行是一致的,但是建筑密度这个因子的相关性却是相反的变化。基础建成数据显示,2015年该区域的总体建筑密度变高。相比于2010年,2015年人们更倾向于小汽车出行,这与外部环境变化有一些关系,高密度街区的空间舒适度会降低,带来不友好的出行体验。小汽车出行成为快速到达目的地的更好选择。与表5-6的发现一致的是,公交300 m半径覆盖率和老年人因子逐渐呈现显著相关。一方面,2010年到2015年,南京路网规划与建设有所推进,公交班次的增加、线路的优化、站点覆盖率的提高等都为人们创造了一个更好的公交出行的条件,设施的便利性促使人们更愿意选择公交出行;另一方面,该变化区域的老年人比例在这5年内有明显增加,更多老年人开始关注户外运动、邻里交往,他们的出行需求也逐渐增加且多元化[98]。随着南京公交线网逐渐优化、覆盖率慢慢提升,老年交通卡免费政策全覆盖,一定程度上鼓励了老年人选择公共交通出行方式。

5.4 本章小结

老城边缘区特殊的城市区位使其具有复杂的交通出行空间结构与交通特征,同时,随着城市空间结构的更迭与演进,老城边缘区的交通特征也处在不断变化之中,因此本章对老城边缘区的交通特征及交通与城市用地关联性进行研究。首先,对老城边缘区的交通基础设施、城市交通区位、可达性、建成环境进行统计分析,进而基于2010年南京市居民一日出行数据对老城边缘区出行的空间结构、出行方式、人群构成等出行特征进行分析;其次,通过与2015年南京市居民一日出行数据进行对比,总结出这2个年份中交通特征的变化情况;最后基于效用理论和消费者行为理论,构建非集计交通方式选择模型,以机动车出行方式为参照,通过多项Logit回归模型,对步行与自行车出行、公共交通出行的影响因素及影响机制进行分析,研究发现建成环境中,有信号灯控制的交叉口数量、到市中心绕行系数、容积率指标与选择步行和自行车出行方式在2个年份中均有显著的相关性;到市中心绕行系数与选择公共交通出行方式有持续的显著相关性。出行个体属性中,学历与职业在2个年份中与各出行方式均具有显著相关性。

6 总结与展望

6.1 研究主要成果

本书依托国家自然科学基金面上项目(No.51678132)"老城边缘区空间更迭对交通出行变化的影响机理及反馈优化研究",基于东南大学城市规划学科、交通运输规划学科收集的大量土地利用、居民出行调查数据,围绕"历史演进""范围识别""空间更迭""出行关联"四个层面,对复杂且动态演变的老城边缘区进行了研究,主要成果与结论总结如下:

1) 边缘区的新老转化与演进

以南京为代表的典型中国城市,其地域结构演变可以概括为由单中心发展到多核心网络化结构的过程。在此过程中,城市边缘区的新老转化与空间演进大致经历了"尚未开发—零星建设—加速演进—发展滞缓—转型消融"五个阶段的状态变化。随着城市的发展和地域结构的演变,边缘区的功能定位经历了从城市郊区演变成城市核心的过程。边缘区在城市中的职能定位经历了从郊区林地到城市工业组团,再到承接老城功能疏解的综合生活服务组团的变化,用地转变经历了从农业到工业,再到居住填充最后增加商业服务配套等的转变,土地利用结构从单一走向多元混合。在这一演进过程中,南京市最外围的边缘区总是最先进行演替,不断被更新、外溢、沿着道路蔓延,甚至形成区域节点和次级核心。新的城市边缘区不断产生,老的城市边缘区被城市建成区包围或吞噬成城市中心区,受中心区的正效应与负效应叠加影响,发展程度参差不齐,形成老城边缘区。这些区域从滋生到发展滞缓,再到消减,与城市的发展扩张密切相关。

2) 老城边缘区的空间识别

基于"核心—边缘"理论和突变理论提出的新的老城边缘区空间识

别方法有效可行。这种识别方法是从出行视角建构的,研究使用的是居民一日出行调查数据,是基于居民一日出行强度指标数据的梯度变化情况,利用梯度检验突变区间法对南京市老城边缘区进行划分。该方法是以突变理论为基础,用出行调查数据进行识别,用地图兴趣点 POI 数据进行校核。该方法分为数据准备、数据的空间匹配、计算出行强度、判断突变区间、范围校核与确定五个主要步骤。该方法对于识别现阶段正处于转型期的城市的老城边缘区有效,操作简单,数据全面、获取难度低,可实施性与可推广性较高。

3) 老城边缘区的空间更迭与差异化

从物质空间、出行行为两个方面对南京老城边缘区从 2010 年到 2015 年的变化进行的动态特征研究发现,在物质空间层面,南京老城边缘区的分布呈现出斑块化、裂片化的趋势,用地复杂,演进的方向多极化特征明显;在出行行为层面,老城边缘区出行人群活力度低,出行方式的选择由经济性因素主导,跨边缘区向外的出行需求较大。

综合宏观上的整体特征变化与微观层面对"建筑空间""功能结构"及"交通设施"三个不同维度的探讨,本研究将老城边缘区这种空间发展水平不均衡与拓展象限具有差异性等特征总结为三类空间更迭模式:"扩张消减型""内部填充型""转换核心型"。

4) 老城边缘区的出行选择与空间的关联性

本研究基于效用理论和消费者行为理论,构建非集计交通方式选择模型,以机动车出行方式为参照,通过多项 Logit 回归模型,对步行或自行车出行、公共交通出行的影响因素及影响机制进行分析。研究发现,相关因子在促进居民选择非小汽车出行上会随着空间演变而有所变动。此发现让我们用一种新的视角看待出行与空间的互动机制。对于老城边缘区这种变化较快、发展不稳定的区域,仅依据某一年份的模型结果进行规划决策判断是片面的。研究发现,在促进居民选择非小汽车出行(选择步行、自行车或者公共交通)方面,因子中的到市中心绕行系数、退休人员及其他两项在 2010 年和 2015 年的研究中都是呈现显著且积极的相关影响。这两者的显著性较稳定。其显著性没有因为老城边缘区的性质转变而受到影响。研究发现从 2010 年到 2015 年,大部分因子的显著性呈现波动。这些因子的影响程度和影响方向发生了改变。这种波动一方面是因为老城边缘区的空间更迭,另一方面是因为空间更迭带来的人群更迭。老城边缘区的出行人群的社会属性发生了变化。随着时间和空间的演进，居住在老城边缘区的居民中出现了迁入迁出的行为。这种市内人群局部流动很大程度上影响了出行人群某些社会属性方面的影响因子的表现。而且社会属性相关的因子中发生波动的因子较多，如学历（大专及本科学历）、性别（男性）、年龄（老年人）、是否拥有驾照，这也是该地区空间复杂的另一个维度的表现。虽然多元人群居住的空间对于空间和出行的诉求各不相同，但是规划者更应该敏锐地洞察到这种人群社会属性因子的敏感性。以人为本、从需求出发，洞察老城边缘区的空间更迭将会对该地区的发展有很大的帮助。

6.2 研究展望

老城边缘区是城市边缘区发展演变的一个阶段，是一种过渡状态，由于空间的敏感性与特殊性，若无针对性的规划和引导，其未来的演变方向或许会是过度开发，或许会是停滞不前。本次研究从空间结构、交通模式两方面探索城市边缘区的新老转化和空间演变规律，发现南京市老城边缘区总体演化趋势为："先近、后远、再近"的演化方向、"先慢、后快、再缓"的演化速度、"先增、后缓、再减"的演化规模。现阶段老城边缘区所呈现出的三类更迭模式进一步反映了其复杂性和研究的迫切性、必要性。此外，老城边缘区的出行选择与空间更迭的关联性处于不断波动的不稳定状态。

本研究从交通出行的视角提供了一种可用于识别老城边缘区研究的新数据、新方法。这为研究老城边缘区的空间更迭和交通优化研究打下了一个很好的基础。目前，国内一些大城市的老城边缘区开始进入转型消融阶段，需要规划工作者科学正确地认识老城边缘区，制定准确适合的发展更新策略。这些发现为老城边缘区变化区域的土地利用规划和交通优化提供了可能的发展方向。在旧城区边缘区改造过程中，要注意人群社会属性因素、城市设计因素和交通设施因素叠加所造成的交通影响，动态关注影响显著和影响变化的因素。

因此，在进一步的研究中，老城边缘区的动态发展监测、问题预判与对策导向可能会成为研究的重点和方向，这对于协调城市整体的交通出行十分重要。未来研究将基于此，继续关注该地区区位调整、功能转型、空间重组、交通转变等的内在机理,运用多元数据进行影响因素评判,以应对边缘区空间的更新再发展。在实施管理层面,老城边缘区作为南京市老城双修中最值得重视的薄弱一环,政府等相关管理者可以通过政策引导、土地置换、空间设施完善、交通网络织补等,削弱负效应,增强正效应,突破边缘境地,实现老城边缘区空间的再生与发展活力。在未来的规划建设中,需要重点监控老城边缘区空间与内部出行行为的互动变化,同时在社会层面要更加关注老城边缘区内居民的出行需求、行为习惯的动态变化。将物质空间更新与社会空间更新结合起来,促进老城和老城边缘区的健康可持续发展。

参考文献

[1] 顾朝林,丁金宏,陈田,等.中国大城市边缘区研究[M].北京:科学出版社,1995.

[2] Erickson R A. The evolution of the suburban space economy[J]. Urban Geography,1983,4(2):95-121.

[3] Phelps N A. Edge cities[J]. International Encyclopedia of Human Geography,2009.

[4] Sullivan W C, Lovell S T. Improving the visual quality of commercial development at the rural-urban fringe[J]. Landscape and Urban Planning,2006,77(1):152-166.

[5] Lewis D J. Open Space Issues at the Rural-Urban Fringe:Discussion[J]. American Journal of Agricultural Economics,2009,91(5):1326-1327.

[6] Gant R L, Robinson G M, Fazal S. Land. use change in the "edgelands":Policies and pressures in London's rural-urban fringe[J]. Land Use Policy,2011,28(1):266-279.

[7] Wu F, Phelps N A. (Post)Suburban development and state entrepreneurialism in Beijing's outer suburbs[J]. Environment and Planning A,2011,43(2):410-430.

[8] 陈佑启.试论城乡交错带及其特征与功能[J].经济地理,1996,16(3):27-31.

[9] 崔功豪,武进.中国城市边缘区空间结构特征及其发展:以南京等城市为例[J].地理学报,1990,45(4):399-411.

[10] 王海鹰,张新长,赵元.基于逻辑回归模型的城市边缘区界定方法研究[J].测绘通报,2010,(10):7-10.

[11] 张宁,方琳娜,周杰,等.北京城市边缘区空间扩展特征及驱动机制

[J]. 地理研究,2010,29(3):471-480.

[12] 李和平,李金龙. 城市边缘区发展的理念、管理制度与规划方法[J]. 重庆建筑大学学报,2004,26(3):1-5.

[13] 范凌云,雷诚. 大城市边缘区演化发展中的矛盾及对策:基于广州市案例的探讨[J]. 城市发展研究,2009,16(12):22-28.

[14] 荣玥芳,郭思维,张云峰. 城市边缘区研究综述[J]. 城市规划学刊,2011(4):93-100.

[15] 王纪武,金一,李王鸣. 基于城市边缘区判定的城市地域空间结构研究:以杭州市为例[J]. 城市规划,2015,39(9):21-26.

[16] Gordon P,Richardson H W. Are compact cities a desirable planning goal?[J]. Journal of the American Planning Association,1997,63(1):95-106.

[17] Sultana S. Job-housing imbalance and commuting time in the Atlanta metropolitan area:Exploration of causes of longer commuting time[J]. Urban Geography,2002,23(8):728-749.

[18] Mignot D,Aguilera A. Urban sprawl,polycentrism and commuting:A comparison of seven French urban areas[J]. Urban Public Economics Review,2004(1):93-113.

[19] 孙斌栋,涂婷,石巍,等. 特大城市多中心空间结构的交通绩效检验:上海案例研究[J]. 城市规划学刊,2013(2):63-69.

[20] Cervero R,Duncan M. Which reduces vehicle travel more:Jobs-housing balance or retail-housing mixing?[J]. Journal of the American Planning Association,2006,72(4):475-490.

[21] Zhao P J,Lü B,de Roo G. Impact of the jobs-housing balance on urban commuting in Beijing in the transformation era[J]. Journal of Transport Geography,2011,19(1):59-69.

[22] 周素红,闫小培. 广州城市居住-就业空间及对居民出行的影响[J]. 城市规划,2006,30(5):13-18.

[23] Pan H X,Shen Q,Zhang M. Influence of urban form on travel behavior in four neighbourhoods of Shanghai[J]. Urban Studies,2009,46(2):275-294.

[24] Zhou J P,Long Y. Jobs-housing balance of bus commuters in Bei-

jing exploration with large-scale synthesized smart card data[J]. Transportation Research Board:Journal of the Transportation Research Board,2014,2418(1):1-10.

[25] Peng Z R. The jobs-housing balance and urban commuting [J]. Urban Studies,1997,34(8):1215-1235.

[26] Ma K R,Banister D. Extended excess commuting:A measure of the jobs-housing imbalance in Seoul [J]. Urban Studies,2006,43(11):2099-2113.

[27] Ewing R,Cervero R. Travel and the built environment:A meta-analysis [J]. Journal of the American Planning Association,2010,76(3):265-294.

[28] Yang J W,Shen Q,Shen J,et al. Transport impacts of clustered development in Beijing:Compact development versus over concentration [J]. Urban Studies,2012,49(6):1315-1331.

[29] 周文竹,阳建强,葛天阳,等.城市用地"3D"发展模式研究:一种基于减少机动化需求的规划理念[J].城市规划,2012,36(10):51-57.

[30] Hall P. The future of the metropolis and its form [J]. Regional Studies,1997(31):211-220.

[31] Zhao P J. Car use,commuting and urban form in a rapidly growing city:Evidence from Beijing[J]. Transportation Planning and Technology,2011,34(6):509-527.

[32] 潘海啸,汤諹,吴锦瑜,等.中国"低碳城市"的空间规划策略[J].城市规划学刊,2008(6):57-64.

[33] 叶玉瑶,张虹鸥,许学强,等.面向低碳交通的城市空间结构:理论、模式与案例[J].城市规划学刊,2012,(5):37-43.

[34] Sun Y F. William H K,Lam. Using genetic algorithm to optimize land use:Development plan in Hong Kong [A]// Proceedings of the Conference on Traffic and Transportation Studies,ICTTS,2000:342-349.

[35] 王德,农耘之,朱玮.王府井大街的消费者行为与商业空间结构研究[J].城市规划,2011,35(7):43-48.

[36] 柴彦威,刘天宝,塔娜.基于个体行为的多尺度城市空间重构及规划应用研究框架[J].地域研究与开发,2013,32(4):1-7.

[37] Zhou W Z, Li Z B. Determining sustainable land use by modal split shift strategy for low emissions: Evidence from medium-sized cities of China, Mathematical problems in Engineering[J]. 2016(2):1-14.

[38] Bourne L S. Internal structure of the city: Readings on urban form, growth, and policy [J]. Historian, 1982, 26(1):1-18.

[39] 冯健,周一星.中国城市内部空间结构研究进展与展望[J].地理科学进展,2003(3):304-315.

[40] Gallion A B. Eisner, Stanley A. The urban pattern[M]. New Yortk: Van Nostrand Reinhold, 1983.

[41] 柴彦威.城市空间[M].北京:科学出版社,2000.

[42] 赵和生.城市规划与城市发展.[M].南京:东南大学出版社.1999.

[43] Ericksen E G. Urban behavior[M]. New York: Macmillan, 1954.

[44] Yeates M H, Garner B J. The North American City [M]. New York: Harper Collins Publishers, 1980.

[45] 武进.中国城市形态:结构、特征及其演变[M].南京:江苏科学技术出版社,1990.

[46] 刘贤腾,顾朝林.解析城市用地空间结构:基于南京市的实证[J].城市规划学刊,2008(5):78-84.

[47] 于涛方,吴唯佳.单中心还是多中心:北京城市就业次中心研究[J].城市规划学刊,2016(3):21-29.

[48] 陈玉光.大城市空间扩展方式与空间结构研究的历史演进及未来展望[J].江淮论坛,2017(5):60-65.

[49] 张京祥.西方城市规划思想史纲[M].南京:东南大学出版社,2005.

[50] 于伟,宋金平,毛小岗.城市边缘区内涵与范围界定述评[J].地域研究与开发,2011,30(5):55-59.

[51] 薛冰.南京城市史[M].南京:东南大学出版社,2015.

[52] 吴沁钰.南京城市发展史[J].城市建设理论研究(电子版),2018(21):180-182.

[53] 林小虎.南京市交通规划策略的演变发展及与日本三大都市的比较

分析[C]//中国城市规划学会.城乡治理与规划改革:2014中国城市规划年会论文集(05城市交通规划),2014:799-807.

[54] 杨少辉,马林,陈莎.城市空间结构演化与城市交通的互动关系[J].城市交通,2009,7(5):45-48.

[55] 郝丽莎,王晓歌,乔文怡,等.1936年以来南京城市空间扩展特征研究[J].地理研究,2019,38(4):911-925.

[56] 王小玉."核心—边缘"理论的国内外研究述评[J].湖北经济学院学报(人文社会科学版),2007(10):41-42.

[57] Friedman J R. Regional development policy: A case study of Venezuela[M]. Cambridge: MIT Press, 1966.

[58] Weaver D B. Peripheries of the periphery: Tourism in Tobago and Barbuda[J]. Annals of Tourism Research, 1998, 25(2): 292-313.

[59] 汪宇明.核心—边缘理论在区域旅游规划中的运用[J].经济地理,2002,22(3):372-375.

[60] 包卿,陈雄.核心—边缘理论的应用和发展新范式[J].经济论坛,2006(8):8-9.

[61] 史春云,张捷,尤海梅,等.四川省旅游区域核心—边缘空间格局演变[J].地理学报,2007(06):631-639.

[62] 吴建成.长三角边缘区生态转型与特色经济发展路径:基于"核心—边缘"理论的思考[J].绍兴文理学院学报(哲学社会科学),2010,30(6):55-59.

[63] 于涛方,甄峰,吴泓.长江经济带区域结构:"核心—边缘"视角[J].城市规划学刊,2007(3):41-48.

[64] 黄薇薇,沈非.边缘型旅游地研究综述及展望[J].人文地理,2015,30(4):24-31.

[65] 王英平,王殿海,杨少辉,等.突变理论在交通流分析理论中应用综述[J].交通运输系统工程与信息,2005,5(6):68-71.

[66] Charikar M, Guha S. Improved combinational algorithms for the facility location and k-median problems[A] // Proceedings of the 40th Annual Symposium on Foundations of Computer Science, 1999, 378-388.

[67] 姜璐,于连宇.初等突变理论在社会科学中的应用[J].系统工程理论与实践,2002,22(10):113-117.

[68] 符淙斌,王强.气候突变的定义和检测方法[J].大气科学,1992,16(4):482-493.

[69] 董旭光,邱粲,刘焕彬,等.山东省日照时数的气候变化特征及其影响因素[J].中国农业气象,2013,34(2):138-145.

[70] 甄小丽,孙海燕,袁鸿猷,等.新乡市近65a降水和干旱变化特征分析[J].甘肃农业大学学报,2017,52(4):158-163.

[71] 徐阳,张多加,胡大伟.突变理论在交通流分析中的应用[J].自动化与仪器仪表,2017(7):171-173.

[72] 高玉琴,吴靖靖,胡永光,等.基于突变理论的区域洪灾脆弱性评价[J].水利水运工程学报,2018(1):32-40.

[73] 章文波,方修琦,张兰生.利用遥感影像划分城乡过渡带方法的研究[J].遥感学报,1999,3(3):199-202.

[74] 赵华甫,朱玉环,吴克宁,等.基于动态指标的城乡交错带边界界定方法研究[J].中国土地科学,2012,26(9):60-65.

[75] 马晶,李全,应玮.基于小波变换的武汉市城乡边缘带识别[J].武汉大学学报(信息科学版),2016,41(2):235-241.

[76] 熊念.武汉市城市边缘区识别及动态分析[D].武汉:武汉大学,2018.

[77] 赵卫锋,李清泉,李必军.利用城市POI数据提取分层地标[J].遥感学报,2011,15(5):973-988.

[78] Mercado R, Páez A. Determinants of distance traveled with a focus on the elderly: A multilevel analysis in the Hamilton CMA, Canada[J]. Journal of Transport Geography, 2009, 17(1): 65-76.

[79] Cervero R. Mixed land-uses and commuting: Evidence from the American housing survey[J]. Transportation Research Part A: Policy and Practice, 1996, 30(5): 361-377.

[80] 杨俊宴,钱舒皓.特大城市中心体系空间肌理分异研究:以重庆市为例[J].城市规划学刊,2014(4):18-23.

[81] Handy S L, Boarnet M G, Ewing R, et al. How the built envi-

ronment affects physical activity: Views from urban planning [J]. American Journal of Preventive Medicine, 2002, 23 (2): 64-73.

[82] Moilanen M. Matching and settlement patterns: The case of Norway[J]. Papers in Regional Science, 2009, 89(3): 607-623.

[83] 池娇,焦利民,董婷,等.基于POI数据的城市功能区定量识别及其可视化[J].测绘地理信息,2016,41(2): 68-73.

[84] Zhang M. The role of land use in travel mode choice: Evidence from Boston and Hong Kong[J]. Journal of the American Planning Association, 2004, 70(3): 344-360.

[85] 吴莞姝,钮心毅.建成环境功能多样性对街道活力的影响研究:以上海市南京西路为例[J].南方建筑,2019(2): 81-86.

[86] 孙斌栋,但波.上海城市建成环境对居民通勤方式选择的影响[J].地理学报,2015,70(10): 1664-1674.

[87] Izraeli O, McCarthy T R. Variations in travel distance, travel time and modal choice among SMSAS [J]. Journal of Transport Economics and Policy,1985,19(2):139-160.

[88] 尚正永,张小林,卢晓旭,等.基于可达性的城市功能用地空间格局演变研究:以江苏省淮安市为例[J].地理科学,2014,34(2): 154-162.

[89] 刘贤腾,顾朝林.南京城市交通方式可达性空间分布及差异分析[J].城市规划学刊,2010(2): 49-56.

[90] Cervero R, Kockelman K. Travel demand and the 3Ds: Density, diversity, and design[J]. Transportation Research Part D: Transport and Environment, 1997, 2(3): 199-219.

[91] Cervero R. Built environments and mode choice: Toward a normative framework[J]. Transportation Research Part D: Transport and Environment, 2002, 7(4): 265-284.

[92] 叶彭姚,陈小鸿.雷德朋体系的道路交通规划思想评述[J].国际城市规划,2009, 24(4): 69-73.

[93] 陈燕萍,宋彦,张毅,等.城市土地利用特征对居民出行方式的影响:以深圳市为例[J].城市交通,2011,9(5): 80-85.

[94] Munshi, T. Built environment and model choice relationship for

commute travel in the City of Rajkot,India[J]. Transportation Research Part D:Transport and Environment,2016(44):239-253.

[95] Ye R,Titheridge H. Satisfaction with the commute:The role of travel mode choice,built environment and attitudes[J]. Transportation Research Part D:Transport and Environment,2016(52):535-547.

[96] Commins N,Nolan A. The determinants of mode of transport to work in the Greater Dublin Area[J]. Transport Policy,2011,18(1):259-268.

[97] 陈俊励,马云龙,朱楠. 基于巢式 Logit 模型的公交出行方式选择行为研究[J]. 交通运输系统工程与信息,2011,11(Z1):120-125.

[98] Feng J X. The influence of built environment on travel behavior of the elderly in urban China[J]. Transportation Research Part D:Transport and Environment,2017(52):619-633.